PRÉFACE

La collection de guides de conversation "Tout ira bien!", publié par T&P Books, est conçue pour les gens qui voyagent par affaire ou par plaisir. Les guides de conversations contiennent le plus important - l'essentiel pour la communication de base. Il s'agit d'une série indispensable de phrases pour survivre à l'étranger.

Ce guide de conversation vous aidera dans la plupart des cas où vous devez demander quelque chose, trouver une direction, découvrir le prix d'un souvenir, etc. Il peut aussi résoudre des situations de communication difficile lorsque la gesticulation n'aide pas.

Le livre contient beaucoup de phrases qui ont été groupées par thèmes. Vous trouverez aussi un vocabulaire des 3000 mots les plus couramment utilisés. Une autre section du guide contient un glossaire gastronomique qui peut être utile lorsque vous faites le marché ou commandez des plats au restaurant.

Emmenez avec vous un guide de conversation "Tout ira bien!" sur la route et vous aurez un compagnon de voyage irremplaçable qui vous aidera à vous sortir de toutes les situations et vous enseignera à ne pas avoir peur de parler aux étrangers.

TABLE DES MATIÈRES

T&P Books Publishing

Collection de guides de conversation
"Tout ira bien!"

T&P Books Publishing

GUIDE DE CONVERSATION

— BULGARE —

Par Andrey Taranov

LES PHRASES LES PLUS UTILES

Ce guide de conversation
contient les phrases et
les questions les plus
communes et nécessaires
pour communiquer avec
des étrangers

T&P BOOKS

Guide de conversation + dictionnaire de 3000 mots

Guide de conversation Français-Bulgare et vocabulaire thématique de 3000 mots

Par Andrey Taranov

La collection de guides de conversation "Tout ira bien!", publiée par T&P Books, est conçue pour les gens qui voyagent par affaire ou par plaisir. Les guides contiennent l'essentiel pour la communication de base. Il s'agit d'une série indispensable de phrases pour "survivre" à l'étranger.

Ce livre inclut un dictionnaire thématique qui contient près de 3000 des mots les plus fréquemment utilisés. Une autre section du guide contient un glossaire gastronomique qui peut être utile lorsque vous faites le marché ou commandez des plats au restaurant.

T&P Books Publishing
www.tpbooks.com

ISBN: 978-1-78492-562-8

Ce livre existe également en format électronique.
Pour plus d'informations, veuillez consulter notre site: www.tpbooks.com
ou rendez-vous sur ceux des grandes librairies en ligne.

PRONONCIATION

Alphabet phonétique T&P	Exemple en bulgare	Exemple en français
[a]	сладък [sládək]	classe
[e]	череша [ʧeréʃa]	équipe
[i]	килим [kilím]	stylo
[o]	отломка [otlómka]	normal
[u]	улуча [ulúʧa]	boulevard
[ə]	въже [vəʒé]	Le schwa, voyelle neutre
[ja], [ʲa]	вечеря [veʧérʲa]	diamant
[ʲu]	ключ [klʲuʧ]	interview
[ʲo]	фризьор [frizʲór]	pavillon
[ja], [ʲa]	история [istórija]	diamant
[b]	събота [sébota]	bureau
[d]	пладне [pládne]	document
[f]	парфюм [parfʲúm]	formule
[g]	гараж [garáʒ]	gris
[ʒ]	мрежа [mréʒa]	jeunesse
[j]	двубой [dvubój]	maillot
[h]	храбър [hrábər]	[h] aspiré
[k]	колело [koleló]	bocal
[l]	паралел [paralél]	vélo
[m]	мяукам [mʲaúkam]	minéral
[n]	фонтан [fontán]	ananas
[p]	пушек [púʃek]	panama
[r]	крепост [krépost]	racine, rouge
[s]	каса [kása]	syndicat
[t]	тютюн [tʲutʲún]	tennis
[v]	завивам [zavívam]	rivière
[ts]	църква [tsérkva]	gratte-ciel
[ʃ]	шапка [ʃápka]	chariot
[ʧ]	чорапи [ʧorápi]	match
[w]	уиски [wíski]	iguane
[z]	зарзават [zarzavát]	gazeuse

LISTE DES ABRÉVIATIONS

Abréviations en français

adj	-	adjective
adv	-	adverbe
anim.	-	animé
conj	-	conjonction
dénombr.	-	dénombrable
etc.	-	et cetera
f	-	nom féminin
f pl	-	féminin pluriel
fam.	-	familiar
fem.	-	féminin
form.	-	formal
inanim.	-	inanimé
indénombr.	-	indénombrable
m	-	nom masculin
m pl	-	masculin pluriel
m, f	-	masculin, féminin
masc.	-	masculin
math	-	mathematics
mil.	-	militaire
pl	-	pluriel
prep	-	préposition
pron	-	pronom
qch	-	quelque chose
qn	-	quelqu'un
sing.	-	singulier
v aux	-	verbe auxiliaire
v imp	-	verbe impersonnel
vi	-	verbe intransitif
vi, vt	-	verbe intransitif, transitif
vp	-	verbe pronominal
vt	-	verbe transitif

Abréviations en bulgare

ж	-	nom féminin
ж мн	-	féminin pluriel

м	-	nom masculin
м мн	-	masculin pluriel
м, ж	-	masculin, féminin
мн	-	pluriel
с	-	neutre
с мн	-	neutre pluriel

T&P BOOKS

GUIDE DE CONVERSATION BULGARE

Cette section contient
des phrases importantes
qui peuvent être utiles dans
des situations courantes.
Le guide vous aidera
à demander des directions,
clarifier le prix, acheter
des billets et commander
des plats au restaurant

T&P Books Publishing

CONTENU DU GUIDE DE CONVERSATION

T&P Books Publishing

Excusez-moi, …	**Извинете, …** [izvinéte, …]
Bonjour	**Здравейте.** [zdravéjte]
Merci	**Благодаря.** [blagodarʲá]
Au revoir	**Довиждане.** [dovíʒdane]
Oui	**Да.** [da]
Non	**Не.** [ne]
Je ne sais pas.	**Аз не знам.** [az ne znam]
Où? (~ es-tu?) | Où? (~ vas-tu?) | Quand?	**Къде? | Накъде? | Кога?** [kədé? | nakədé? | kogá?]

J'ai besoin de …	**Трябва ми …** [trʲábva mi …]
Je veux …	**Аз искам …** [az ískam …]
Avez-vous … ?	**Имате ли …?** [ímate li …?]
Est-ce qu'il y a … ici?	**Тук има ли …?** [tuk íma li …?]
Puis-je … ?	**Мога ли …?** [móga li …?]
s'il vous plaît (pour une demande)	**Моля.** [mólʲa]

Je cherche …	**Аз търся …** [az tə́rsʲa …]
les toilettes	**тоалетна** [toalétna]
un distributeur	**банкомат** [bankomát]
une pharmacie	**аптека** [aptéka]
l'hôpital	**болница** [bólnitsa]
le commissariat de police	**полицейски участък** [politséjski utʃástək]
une station de métro	**метро** [metró]

un taxi	**такси** [táksi]
la gare	**гара** [gára]

Je m'appelle …	**Казвам се …** [kázvam se …]
Comment vous appelez-vous?	**Как се казвате?** [kak se kázvate?]
Aidez-moi, s'il vous plaît.	**Помогнете ми, моля.** [pomognéte mi, mólʲa]
J'ai un problème.	**Аз имам проблем.** [az ímam problém]
Je ne me sens pas bien.	**Лошо ми е.** [lóʃo mi e]
Appelez une ambulance!	**Повикайте бърза помощ!** [povikájte bérza pómoʃt!]
Puis-je faire un appel?	**Може ли да се обадя?** [móʒe li da se obádʲa?]

Excusez-moi.	**Извинявам се.** [izvinʲávam se]
Je vous en prie.	**Моля.** [mólʲa]

je, moi	**аз** [az]
tu, toi	**ти** [ti]
il	**той** [toj]
elle	**тя** [tʲa]
ils	**те** [te]
elles	**те** [te]
nous	**ние** [nie]
vous	**вие** [víe]
Vous	**Вие** [víe]

ENTRÉE	**ВХОД** [vhod]
SORTIE	**ИЗХОД** [íshot]
HORS SERVICE | EN PANNE	**НЕ РАБОТИ** [ne ráboti]
FERMÉ	**ЗАТВОРЕНО** [zatvóreno]

OUVERT	**ОТВОРЕНО**
	[otvóreno]
POUR LES FEMMES	**ЗА ЖЕНИ**
	[za ʒení]
POUR LES HOMMES	**ЗА МЪЖЕ**
	[za məʒé]

Questions

Où? (lieu)
Къде?
[kədé?]

Où? (direction)
Накъде?
[nakədé?]

D'où?
Откъде?
[otkədé?]

Pourquoi?
Защо?
[zaʃtó?]

Pour quelle raison?
По каква причина?
[po kakvá pritʃína?]

Quand?
Кога?
[kogá?]

Combien de temps?
За колко?
[za kólko?]

À quelle heure?
В колко?
[v kólko?]

C'est combien?
Колко струва?
[kólko strúva?]

Avez-vous … ?
Имате ли …?
[ímate li …?]

Où est …, s'il vous plaît?
Къде се намира …?
[kədé se namíra …?]

Quelle heure est-il?
Колко е часът?
[kólko e tʃasét?]

Puis-je faire un appel?
Може ли да се обадя?
[moʒe li da se obádʲa?]

Qui est là?
Кой е там?
[koj e tam?]

Puis-je fumer ici?
Мога ли тук да пуша?
[móga li tuk da púʃa?]

Puis-je …?
Мога ли …?
[móga li …?]

Besoins

Je voudrais …	**Аз бих искал /искала/ …** [az bih ískal /ískala/ …]
Je ne veux pas …	**Аз не искам …** [az ne ískam …]
J'ai soif.	**Аз искам да пия.** [az ískam da pijá]
Je veux dormir.	**Аз искам да спя.** [az ískam da spʲa]
Je veux …	**Аз искам …** [az ískam …]
me laver	**да се измия** [da se izmijá]
brosser mes dents	**да си мия зъбите** [da si míja zəbíte]
me reposer un instant	**малко да си почина** [málko da si potʃína]
changer de vêtements	**да се преоблека** [da se preobleká]
retourner à l'hôtel	**да се върна в хотела** [da se várna v hotéla]
acheter …	**да купя …** [da kúpʲa …]
aller à …	**да отида …** [da otída …]
visiter …	**да посетя …** [da posetʲá …]
rencontrer …	**да се срещна с …** [da se sréʃtna s …]
faire un appel	**да се обадя** [da se obádʲa]
Je suis fatigué /fatiguée/	**Аз се изморих.** [az se izmoríh]
Nous sommes fatigués /fatiguées/	**Ние се изморихме.** [nie se izmoríhme]
J'ai froid.	**Студено ми е.** [studéno mi e]
J'ai chaud.	**Топло ми е.** [tóplo mi e]
Je suis bien.	**Нормално ми е.** [normálno mi e]

Il me faut faire un appel.

Трябва да се обадя.
[tr'ábva da se obád'a]

J'ai besoin d'aller aux toilettes.

Искам да отида в тоалетната.
[ískam da otída v toalétnata]

Il faut que j'aille.

Трябва да тръгвам.
[tr'ábva da trégvam]

Je dois partir maintenant.

Сега трябва да тръгвам.
[segá tr'ábva da trégvam]

Comment demander la direction

Excusez-moi, … | **Извините, …**
[izvinéte, …]

Où est …, s'il vous plaît? | **Къде се намира …?**
[kədé se namíra …?]

Dans quelle direction est … ? | **В коя посока се намира …?**
[v koja posóka se namíra …?]

Pouvez-vous m'aider, s'il vous plaît ? | **Помогнете ми, моля.**
[pomognéte mi, mólʲa]

Je cherche … | **Аз търся …**
[az tərsʲa …]

La sortie, s'il vous plaît? | **Аз търся изход.**
[az tərsʲa íshot]

Je vais à … | **Аз пътувам до …**
[az pətúvam do …]

C'est la bonne direction pour …? | **Правилно ли вървя …?**
[právilno li vərvʲá …?]

C'est loin? | **Далече ли е?**
[dalétʃe li e?]

Est-ce que je peux y aller à pied? | **Ще стигна ли дотам пеша?**
[ʃte stígna li dotám péʃa?]

Pouvez-vous me le montrer sur la carte? | **Покажете ми на картата, моля.**
[pokaʒéte mi na kártata, mólʲa]

Montrez-moi où sommes-nous,
s'il vous plaît. | **Покажете, къде сме сега.**
[pokaʒéte, kədé sme segá]

Ici | **Тук**
[tuk]

Là-bas | **Там**
[tam]

Par ici | **Тука**
[túka]

Tournez à droite. | **Завийте надясно.**
[zavíjte nadʲásno]

Tournez à gauche. | **Завийте наляво.**
[zavíjte nalʲávo]

Prenez la première
(deuxième, troisième) rue. | **първи (втори, трети) завой**
[pərvi (ftóri, tréti) zavój]

à droite | **надясно**
[nadʲásno]

à gauche   **наляво**
                                        [naľávo]

Continuez tout droit.   **Вървете направо.**
                                        [vərvéte naprávo]

Affiches, Pancartes

BIENVENUE! **ДОБРЕ ДОШЛИ!**
[dobré doʃlí!]

ENTRÉE **ВХОД**
[vhod]

SORTIE **ИЗХОД**
[íshot]

POUSSEZ **БУТНИ**
[butní]

TIREZ **ДРЪПНИ**
[drəpní]

OUVERT **ОТВОРЕНО**
[otvóreno]

FERMÉ **ЗАТВОРЕНО**
[zatvóreno]

POUR LES FEMMES **ЗА ЖЕНИ**
[za ʒení]

POUR LES HOMMES **ЗА МЪЖЕ**
[za məʒé]

MESSIEURS **МЪЖКА ТОАЛЕТНА**
[méʒka toalétna]

FEMMES **ЖЕНСКА ТОАЛЕТНА**
[ʒénska toalétna]

RABAIS | SOLDES **НАМАЛЕНИЯ**
[namalénija]

PROMOTION **РАЗПРОДАЖБА**
[rasprodáʒba]

GRATUIT **БЕЗПЛАТНО**
[besplátno]

NOUVEAU! **НОВИНА!**
[noviná!]

ATTENTION! **ВНИМАНИЕ!**
[vnimánie!]

COMPLET **НЯМА МЕСТА**
[n'áma mestá]

RÉSERVÉ **РЕЗЕРВИРАНО**
[rezervírano]

ADMINISTRATION **АДМИНИСТРАЦИЯ**
[administrátsija]

PERSONNEL SEULEMENT **САМО ЗА ПЕРСОНАЛА**
[sámo za personála]

ATTENTION AU CHIEN!   **ЛОШО КУЧЕ**
[lóʃo kuʧe]

NE PAS FUMER!   **НЕ СЕ ПУШИ!**
[ne se púʃi!]

NE PAS TOUCHER!   **НЕ ПИПАЙ С РЪЦЕТЕ!**
[ne pipáj s rətséte!]

DANGEREUX   **ОПАСНО**
[opásno]

DANGER   **ОПАСНОСТ**
[opásnost]

HAUTE TENSION   **ВИСОКО НАПРЕЖЕНИЕ**
[visóko napreʒénie]

BAIGNADE INTERDITE!   **КЪПАНЕТО Е ЗАБРАНЕНО**
[kə́paneto e zabranéno]

HORS SERVICE | EN PANNE   **НЕ РАБОТИ**
[ne ráboti]

INFLAMMABLE   **ОГНЕОПАСНО**
[ogneopásno]

INTERDIT   **ЗАБРАНЕНО**
[zabranéno]

ENTRÉE INTERDITE!   **ПРЕМИНАВАНЕТО Е ЗАБРАНЕНО**
[preminávaneto e zabranéno]

PEINTURE FRAÎCHE   **БОЯДИСАНО**
[bojadísano]

FERMÉ POUR TRAVAUX   **ЗАТВОРЕНО ЗА РЕМОНТ**
[zatvóreno za remónt]

TRAVAUX EN COURS   **РЕМОНТНИ РАБОТИ**
[remóntni ráboti]

DÉVIATION   **ЗАОБИКАЛЯНЕ**
[zaobikáľane]

Transport - Phrases générales

avion	**самолет** [samolét]
train	**влак** [vlak]
bus, autobus	**автобус** [aftobús]
ferry	**ферибот** [féribot]
taxi	**такси** [táksi]
voiture	**кола** [kóla]
horaire	**разписание** [raspisánie]
Où puis-je voir l'horaire?	**Къде мога да видя разписанието?** [kədé móga da vídʲa raspisánieto?]
jours ouvrables	**работни дни** [rabótni dni]
jours non ouvrables	**почивни дни** [potʃívni dni]
jours fériés	**празнични дни** [práznitʃni dni]
DÉPART	**ЗАМИНАВАНЕ** [zaminávane]
ARRIVÉE	**ПРИСТИГАНЕ** [pristígane]
RETARDÉE	**ЗАКЪСНЯВА** [zakəsnʲáva]
ANNULÉE	**ОТМЕНЕН** [otmenén]
prochain	**следващ** [slédvaʃt]
premier	**първи** [pérvi]
dernier	**последен** [posléden]
À quelle heure est le prochain …?	**Кога е следващият …?** [kogá e slédvaʃtijat …?]
À quelle heure est le premier …?	**Кога тръгва първият …?** [kogá trégva pérvijat …?]

À quelle heure est le dernier ...?

Кога тръгва последният ...?
[kogá trégva póslednijat ...?]

correspondance

прекачване
[prekátʃvane]

prendre la correspondance

да правя прекачване
[da právʲa prekátʃvane]

Dois-je prendre la correspondance?

Трябва ли да правя прекачване?
[trʲábva li da právʲa prekátʃvane?]

Acheter un billet

Où puis-je acheter des billets?	**Къде мога да купя билети?** [kədé móga da kúpʲa biléti?]
billet	**билет** [bilét]
acheter un billet	**да купя билет** [da kúpʲa bilét]
le prix d'un billet	**цена на билета** [tsená na biléta]

Pour aller où?	**Накъде?** [nakədé?]
Quelle destination?	**До коя станция?** [do kojá stántsija?]
Je voudrais …	**Трябва ми …** [trʲábva mi …]
un billet	**един билет** [edín bilét]
deux billets	**два билета** [dva biléta]
trois billets	**три билета** [tri biléta]

aller simple	**в една посока** [v edná posóka]
aller-retour	**отиване и връщане** [otívane i vrə́ʃtane]
première classe	**първа класа** [pə́rva klása]
classe économique	**втора класа** [ftóra klása]

aujourd'hui	**днес** [dnes]
demain	**утре** [útre]
après-demain	**вдругиден** [vdrúgiden]
dans la matinée	**сутринта** [sutrínta]
l'après-midi	**през деня** [prez denʲá]
dans la soirée	**вечерта** [vetʃertá]

siège côté couloir	**място до коридора** [m'ásto do koridóra]
siège côté fenêtre	**място до прозореца** [m'ásto do prozóretsa]
C'est combien?	**Колко?** [kólko?]
Puis-je payer avec la carte?	**Мога ли да платя с карта?** [móga li da plat'á s kárta?]

L'autobus

bus, autobus	**автобус** [aftobús]
autocar	**междуградски автобус** [meʒdugrátski aftobús]
arrêt d'autobus	**автобусна спирка** [aftobúsna spírka]
Où est l'arrêt d'autobus le plus proche?	**Къде се намира най-близката автобусна спирка?** [kədé se namíra naj-blízkata aftobúsna spírka?]

numéro	**номер** [nómer]
Quel bus dois-je prendre pour aller à ...?	**Кой номер автобус отива до ...?** [koj nómer aftobús otíva do ...?]
Est-ce que ce bus va à ...?	**Този автобус отива ли до ...?** [tózi aftobús otíva li do ...?]
L'autobus passe tous les combien?	**Кога има автобуси?** [kogá íma aftobúsi?]

chaque quart d'heure	**на всеки 15 минути** [na fséki petnádeset minúti]
chaque demi-heure	**на всеки половин час** [na fséki polovín tʃas]
chaque heure	**на всеки час** [na fséki tʃas]
plusieurs fois par jour	**няколко пъти на ден** [nʲákolko pǽti na den]
... fois par jour	**... пъти на ден** [... pǽti na den]

horaire	**разписание** [raspisánie]
Où puis-je voir l'horaire?	**Къде мога да видя разписанието?** [kədé móga da vídʲa raspisánieto?]

À quelle heure passe le prochain bus?	**Кога е следващият автобус?** [kogá e slédvaʃtijat aftobús?]
À quelle heure passe le premier bus?	**Кога тръгва първият автобус?** [kogá trəgva pǽrvijat aftobús?]
À quelle heure passe le dernier bus?	**Кога заминава последният автобус?** [kogá zamináva slédnijat aftobús?]

arrêt

спирка
[spírka]

prochain arrêt

следваща спирка
[slédvaʃta spírka]

terminus

последна спирка
[poslédna spírka]

Pouvez-vous arrêter ici, s'il vous plaît.

Спрете тук, моля.
[spréte tuk, mólʲa]

Excusez-moi, c'est mon arrêt.

Може ли, това е моята спирка.
[móʒe li, tová e mójata spírka]

Train

train	**влак** [vlak]
train de banlieue	**крайградски влак** [krajgrátski vlak]
train de grande ligne	**влак за далечни разстояния** [vlak za daléʧni rasstojánija]
la gare	**гара** [gára]
Excusez-moi, où est la sortie vers les quais?	**Извинявайте, къде е изхода към влаковете?** [izvinʲávajte, kədé e íshoda kəm vlákovete?]

Est-ce que ce train va à …?	**Този влак отива ли до …?** [tózi vlak otíva li do …?]
le prochain train	**следващ влак** [slédvaʃt vlak]
À quelle heure est le prochain train?	**Кога е следващият влак?** [kogá e slédvaʃtijat vlak?]
Où puis-je voir l'horaire?	**Къде мога да видя разписанието?** [kədé móga da vídʲa raspisánieto?]
De quel quai?	**От кой перон?** [ot koj perón?]
À quelle heure arrive le train à …?	**Кога влакът пристига в …?** [kogá vlákət pristíga v …?]

Pouvez-vous m'aider, s'il vous plaît?	**Помогнете ми, моля.** [pomognéte mi, mólʲa]
Je cherche ma place.	**Аз търся мястото си.** [az térsʲa mʲástoto si]
Nous cherchons nos places.	**Ние търсим местата си.** [nie térsim mestáta si]

Ma place est occupée.	**Мястото ми е заето.** [mʲástoto mi e zaéto]
Nos places sont occupées.	**Местата ни са заети.** [mestáta ni sa zaéti]
Excusez-moi, mais c'est ma place.	**Извинявайте, но това е моето място.** [izvinʲávajte, no tová e móeto mʲásto]

Est-ce que cette place est libre?

Това място свободно ли е?
[tová mⁱásto svobódno li e?]

Puis-je m'asseoir ici?

Мога ли да седна тук?
[móga li da sédna tuk?]

Sur le train - Dialogue (Pas de billet)

Votre billet, s'il vous plaît.
Билета ви, моля.
[biléta vi, mólʲa]

Je n'ai pas de billet.
Аз нямам билет.
[az nʲámam bilét]

J'ai perdu mon billet.
Аз загубих билета си.
[az zagúbih biléta si]

J'ai oublié mon billet à la maison.
Аз забравих билета си в къщи.
[az zabrávih biléta si v kéʃti]

Vous pouvez m'acheter un billet.
Вие можете да си купите билет от мен.
[víe móʒete da si kúpite bilét ot men]

Vous devrez aussi payer une amende.
Също така ще трябва да заплатите глоба.
[séʃto taká ʃte trʲábva da zaplátite glóba]

D'accord.
Добре.
[dobré]

Où allez-vous?
Накъде пътувате?
[nakǝdé pǝtúvate?]

Je vais à …
Аз пътувам до …
[az pǝtúvam do …]

Combien? Je ne comprend pas.
Колко? Не разбирам.
[kólko? ne razbíram]

Pouvez-vous l'écrire, s'il vous plaît.
Напишете, моля.
[napiʃéte, mólʲa]

D'accord. Puis-je payer avec la carte?
Добре. Мога ли да платя с карта?
[dobré. móga li da platʲá s kárta?]

Oui, bien sûr.
Да. Можете.
[da. móʒete]

Voici votre reçu.
Заповядайте, вашата квитанция.
[zapovʲádajte, vaʃata kvitántsija]

Désolé pour l'amende.
Съжалявам за глобата.
[sǝʒalʲávam za glóbata]

Ça va. C'est de ma faute.
Няма нищо. Вината е моя.
[nʲáma níʃto. vináta e mója]

Bon voyage.
Приятно пътуване.
[prijátno pǝtúvane]

Taxi

taxi	**такси** [táksi]
chauffeur de taxi	**таксист** [táksist]
prendre un taxi	**да взема такси** [da vzéma táksi]
arrêt de taxi	**стоянка на такси** [stojánka na táksi]
Où puis-je trouver un taxi?	**Къде мога да взема такси?** [kədé móga da vzéma táksi?]
appeler un taxi	**да повикам такси** [da povíkam táksi]
Il me faut un taxi.	**Трябва ми такси.** [triábva mi táksi]
maintenant	**Точно сега.** [tótʃno segá]
Quelle est votre adresse?	**Вашият адрес?** [váʃijat adrés?]
Mon adresse est …	**Моят адрес е …** [mójat adrés e …]
Votre destination?	**Къде отивате?** [kədé otívate?]
Excusez-moi, …	**Извинете, …** [izvinéte, …]
Vous êtes libre ?	**Свободни ли сте?** [svobódni li ste?]
Combien ça coûte pour aller à …?	**Каква е цената до …?** [kakvá e tsenáta do …?]
Vous savez où ça se trouve?	**Знаете ли, къде е това?** [znáete li, kədé e tová?]
À l'aéroport, s'il vous plaît.	**До аерогарата, моля.** [do aerogárata, móli̯a]
Arrêtez ici, s'il vous plaît.	**Спрете тук, моля.** [spréte tuk, móli̯a]
Ce n'est pas ici.	**Това не е тук.** [tová ne e tuk]
C'est la mauvaise adresse.	**Това е неправилен адрес.** [tová e neprávilen adrés]
tournez à gauche	**наляво** [nali̯ávo]
tournez à droite	**надясно** [nadi̯ásno]

Combien je vous dois?	Колко ви дължа? [kólko vi dəlʒá?]
J'aimerais avoir un reçu, s'il vous plaît.	Дайте ми касов бон, моля. [dájte mi kásov bon, mólʲa]
Gardez la monnaie.	Задръжте рестото. [zadréʒte réstoto]

Attendez-moi, s'il vous plaît …	Изчакайте ме, моля. [izʧákajte me, mólʲa]
cinq minutes	пет минути [pet minúti]
dix minutes	десет минути [déset minúti]
quinze minutes	петнадесет минути [petnádeset minúti]
vingt minutes	двадесет минути [dvádeset minúti]
une demi-heure	половин час [polóvin ʧas]

Hôtel

Bonjour.	**Здравейте.** [zdravéjte]
Je m'appelle …	**Казвам се …** [kázvam se …]
J'ai réservé une chambre.	**Аз резервирах стая.** [az rezervírah stája]
Je voudrais …	**Трябва ми …** [tr'ábva mi …]
une chambre simple	**единична стая** [edinítʃna stája]
une chambre double	**двойна стая** [dvójna stája]
C'est combien?	**Колко струва?** [kólko strúva?]
C'est un peu cher.	**Това е малко скъпо.** [tová e málko sképo]
Avez-vous autre chose?	**Имате ли още нещо?** [ímate li óʃte néʃto?]
Je vais la prendre.	**Ще го взема.** [ʃte go vzéma]
Je vais payer comptant.	**Ще платя в брой.** [ʃte plát'a v broj]
J'ai un problème.	**Аз имам проблем.** [az ímam problém]
Mon … est cassé.	**Моят /моята/ … е счупен /счупена/.** [mójat /mójata/ … e stʃúpen /stʃúpena/]
Mon … ne fonctionne pas.	**Моят /моята/ … не работи** [mójat /mójata/ … ne ráboti]
télé	**моят телевизор** [mójat televízor]
air conditionné	**моят климатик** [mójat klímatik]
robinet	**моят кран** [mójat kran]
douche	**моят душ** [mójat duʃ]
évier	**моята мивка** [mójata mífka]
coffre-fort	**моят сейф** [mójat sejf]

serrure de porte	**моята ключалка** [mójata klʲutʃálka]
prise électrique	**моят контакт** [mójat kontákt]
sèche-cheveux	**моят сешоар** [mójat seʃoár]

Je n'ai pas …	**Нямам …** [nʲámam …]
d'eau	**вода** [vodá]
de lumière	**ток** [tok]
d'électricité	**електричество** [elektritʃestvo]

Pouvez-vous me donner …?	**Може ли да ми дадете …?** [móʒe li da mi dadéte …?]
une serviette	**хавлия** [havlíja]
une couverture	**одеяло** [odejálo]
des pantoufles	**чехли** [tʃéhli]
une robe de chambre	**халат** [halát]
du shampoing	**шампоан** [ʃampoán]
du savon	**сапун** [sapún]

Je voudrais changer ma chambre.	**Бих искал /искала/** **да сменя стаята си.** [bih ískal /ískala/ da smenʲá stájata si]
Je ne trouve pas ma clé.	**Не мога да намеря ключа си.** [ne móga da namérʲa klʲútʃa si]
Pourriez-vous ouvrir ma chambre, s'il vous plaît?	**Отворете моята стая, моля.** [otvórete mójata stája, mólʲa]
Qui est là?	**Кой е?** [koj e?]
Entrez!	**Влезте!** [vlézte!]
Une minute!	**Една минута!** [edná minúta!]

Pas maintenant, s'il vous plaît.	**Моля, не сега.** [mólʲa, ne segá]
Pouvez-vous venir à ma chambre, s'il vous plaît.	**Влезте при мен, моля.** [vlézte pri men, mólʲa]

J'aimerais avoir le service d'étage.

Бих искал /искала/ да поръчам храна за стаята.
[bih ískal /ískala/ da pórət͡ʃam hraná za stájata]

Mon numéro de chambre est le ...

Номерът на стаята ми е ....
[nómerət na stájata mi e ....]

Je pars ...

Заминавам ...
[zaminávam ...]

Nous partons ...

Ние заминаваме ...
[nie zaminávame ...]

maintenant

сега
[segá]

cet après-midi

днес след обяд
[dnes slet obʲát]

ce soir

днес вечерта
[dnes vet͡ʃertá]

demain

утре
[útre]

demain matin

утре сутринта
[útre sutrínta]

demain après-midi

утре вечер
[útre vét͡ʃer]

après-demain

вдругиден
[vdrúgiden]

Je voudrais régler mon compte.

Бих искал /искала/ да заплатя.
[bih ískal /ískala/ da zaplatʲá]

Tout était merveilleux.

Всичко беше отлично.
[fsít͡ʃko béʃe otlít͡ʃno]

Où puis-je trouver un taxi?

Къде мога да взема такси?
[kədé móga da vzéma táksi?]

Pourriez-vous m'appeler un taxi, s'il vous plaît?

Повикайте ми такси, моля.
[povikájte mi táksi, mólʲa]

Restaurant

Puis-je voir le menu, s'il vous plaît? | **Мога ли да видя менюто ви?**
[móga li da vídʲa menʲúto vi?]

Une table pour une personne. | **Маса за един човек.**
[mása za edín ʧovék]

Nous sommes deux (trois, quatre). | **Ние сме двама (трима, четирима).**
[nie sme dváma (tríma, ʧetírima)]

Fumeurs | **За пушачи**
[za puʃáʧi]

Non-fumeurs | **За непушачи**
[za nepuʃáʧi]

S'il vous plaît! | **Ако обичате!**
[ako obitʃate!]

menu | **меню**
[menʲú]

carte des vins | **Карта на виното**
[kárta na vínoto]

Le menu, s'il vous plaît. | **Менюто, моля.**
[menʲúto, mólʲa]

Êtes-vous prêts à commander? | **Готови ли сте да поръчате?**
[gotóvi li ste da poréʧate?]

Qu'allez-vous prendre? | **Какво ще поръчате?**
[kakvó ʃte poréʧate?]

Je vais prendre … | **Аз искам ….**
[az ískam ….]

Je suis végétarien. | **Аз съм вегетарианец /вегетарианка/.**
[az səm vegetariánets /vegetariánka/]

viande | **месо**
[mesó]

poisson | **риба**
[ríba]

légumes | **зеленчуци**
[zelenʧútsi]

Avez-vous des plats végétariens? | **Имате ли вегетариански ястия?**
[ímate li vegetariánski jástija?]

Je ne mange pas de porc. | **Аз не ям свинско.**
[az ne jam svínsko]

Il /elle/ ne mange pas de viande. | **Той /тя/ не яде месо.**
[toj /tʲa/ ne jadé mesó]

Je suis allergique à … | **Имам алергия към …**
[ímam alérgija kəm …]

Pourriez-vous m'apporter …, s'il vous plaît.
Донесете ми, моля …
[doneséte mi, móļa …]

le sel | le poivre | du sucre
сол | пипер | захар
[sol | pipér | záhar]

un café | un thé | un dessert
кафе | чай | десерт
[kafé | tʃaj | desért]

de l'eau | gazeuse | plate
вода | газирана | негазирана
[vodá | gazírana | negazírana]

une cuillère | une fourchette | un couteau
лъжица | вилица | нож
[ləʒítsa | vílitsa | noʒ]

une assiette | une serviette
чиния | салфетка
[tʃiníja | salfétka]

Bon appétit!
Приятен апетит!
[prijáten apetít!]

Un de plus, s'il vous plaît.
Донесете още, моля.
[doneséte óʃte, móļa]

C'était délicieux.
Беше много вкусно.
[béʃe mnógo fkúsno]

l'addition | de la monnaie | le pourboire
сметка | ресто | бакшиш
[smétka | résto | bakʃíʃ]

L'addition, s'il vous plaît.
Сметката, моля.
[smétkata, móļa]

Puis-je payer avec la carte?
Мога ли да платя с карта?
[móga li da platʲá s kárta?]

Excusez-moi, je crois qu'il y a une erreur ici.
Извинявайте, тук има грешка.
[izvinʲávajte, tuk íma gréʃka]

Shopping. Faire les Magasins

Est-ce que je peux vous aider? | **Мога ли да ви помогна?**
[móga li da vi pomógna?]

Avez-vous … ? | **Имате ли …?**
[ímate li …?]

Je cherche … | **Аз търся …**
[az tórsʲa …]

Il me faut … | **Трябва ми …**
[trʲábva mi …]

Je regarde seulement, merci. | **Само гледам.**
[sámo glédam]

Nous regardons seulement, merci. | **Ние само гледаме.**
[nie sámo glédame]

Je reviendrai plus tard. | **Ще дойда по-късно.**
[ʃte dójda po-kósno]

On reviendra plus tard. | **Ние ще дойдем по-късно.**
[nie ʃte dójdem po-kósno]

Rabais | Soldes | **намаления | разпродажба**
[namalénija | rasprodáʒba]

Montrez-moi, s'il vous plaît … | **Покажете ми, моля …**
[pokaʒéte mi, mólʲa …]

Donnez-moi, s'il vous plaît … | **Дайте ми, моля …**
[dájte mi, mólʲa …]

Est-ce que je peux l'essayer? | **Може ли да пробвам това?**
[móʒe li da próbvam tová?]

Excusez-moi, où est la cabine d'essayage? | **Извинявайте, къде може да пробвам това?**
[izvinʲávajte, kədé móʒe da próbvam tová?]

Quelle couleur aimeriez-vous? | **Какъв цвят желаете?**
[kakév tsvʲat ʒeláete?]

taille | longueur | **размер | ръст**
[razmér | rəst]

Est-ce que la taille convient ? | **Стана ли ви?**
[stána li vi?]

Combien ça coûte? | **Колко струва това?**
[kólko strúva tová?]

C'est trop cher. | **Това е много скъпо.**
[tová e mnógo sképo]

Je vais le prendre. | **Ще взема това.**
[ʃte vzéma tová]

Excusez-moi, où est la caisse?

Извинявайте, къде е касата?
[izvinʲávajte, kədé e kásata?]

Payerez-vous comptant ou par carte de crédit?

Как ще плащате?
В брой или с карта?
[kak ʃte pláʃtate?
v broj íli s kárta?]

Comptant | par carte de crédit

в брой | с карта
[v broj | s kárta]

Voulez-vous un reçu?

Трябва ли ви касов бон?
[trʲábva li vi kásov bon?]

Oui, s'il vous plaît.

Да, бъдете така добър.
[da, bədéte taká dobér]

Non, ce n'est pas nécessaire.

Не, не трябва. Благодаря.
[ne, ne trʲábva. blagodarʲá]

Merci. Bonne journée!

Благодаря. Всичко хубаво!
[blagodarʲá. fsítʃko húbavo!]

En ville

Excusez-moi, …	**Извинете, моля …** [izvinéte, mól|a …]
Je cherche …	**Аз търся …** [az térs|a …]
le métro	**метрото** [metróto]
mon hôtel	**хотела си** [hotéla si]
le cinéma	**киното** [kínoto]
un arrêt de taxi	**стоянката на такси** [stojánkata na táksi]
un distributeur	**банкомат** [bankomát]
un bureau de change	**обмяна на валута** [obm|ána na valúta]
un café internet	**интернет-кафе** [internét-kafé]
la rue …	**улица …** [úlitsa …]
cette place-ci	**ето това място** [eto tová m|ásto]
Savez-vous où se trouve …?	**Знаете ли, къде се намира …?** [znáete li, kədé se namíra …?]
Quelle est cette rue?	**Как се нарича тази улица?** [kak se narítʃa tázi úlitsa?]
Montrez-moi où sommes-nous, s'il vous plaît.	**Покажете, къде сме сега.** [pokaʒéte, kədé sme segá]
Est-ce que je peux y aller à pied?	**Ще стигна ли дотам пеша?** [ʃte stígna li dotám péʃa?]
Avez-vous une carte de la ville?	**Имате ли карта на града?** [ímate li kárta na gradá?]
C'est combien pour un ticket?	**Колко струва билет за вход?** [kólko strúva bilét za vhot?]
Est-ce que je peux faire des photos?	**Тук може ли да се снима?** [tuk móʒe li da se snimá?]
Êtes-vous ouvert?	**Отворено ли е?** [otvóreno li e?]

À quelle heure ouvrez-vous?

В колко отваряте?
[v kólko otvárʲate?]

À quelle heure fermez-vous?

До колко часа работите?
[do kólko ʧása rábotite?]

L'argent

argent	**пари** [parí]
argent liquide	**пари в брой** [parí v broj]
des billets	**книжни пари** [kníʒni parí]
petite monnaie	**дребни пари** [drébni parí]
l'addition | de la monnaie | le pourboire	**сметка | ресто | бакшиш** [smétka | résto | bakʃíʃ]
carte de crédit	**кредитна карта** [kréditna kárta]
portefeuille	**портмоне** [portmoné]
acheter	**да купя** [da kúpʲa]
payer	**да платя** [da platʲá]
amende	**глоба** [glóba]
gratuit	**безплатно** [besplátno]
Où puis-je acheter … ?	**Къде мога да купя …?** [kədé móga da kúpʲa …?]
Est-ce que la banque est ouverte en ce moment?	**Отворена ли е банката сега ?** [otvórena li e bánkata segá ?]
À quelle heure ouvre-t-elle?	**В колко се отваря?** [v kólko se otvárʲa?]
À quelle heure ferme-t-elle?	**До колко часа работи?** [do kólko ʧása ráboti?]
C'est combien?	**Колко?** [kólko?]
Combien ça coûte?	**Колко струва?** [kólko strúva?]
C'est trop cher.	**Това е много скъпо.** [tová e mnógo sképo]
Excusez-moi, où est la caisse?	**Извинявайте, къде е касата?** [izvinʲávajte, kədé e kásata?]
L'addition, s'il vous plaît.	**Сметката, моля.** [smétkata, mólʲa]

Puis-je payer avec la carte?	**Мога ли да платя с карта?** [móga li da platʲá s kárta?]
Est-ce qu'il y a un distributeur ici?	**Тук има ли банкомат?** [tuk íma li bankomát?]
Je cherche un distributeur.	**Трябва ми банкомат.** [trʲábva mi bankomát]

Je cherche un bureau de change.	**Аз търся обмяна на валута.** [az térsʲa obmʲána na valúta]
Je voudrais changer …	**Бих искал да сменя …** [bih ískal da smenʲá …]
Quel est le taux de change?	**Какъв е курсът?** [kakév e kúrsət?]
Avez-vous besoin de mon passeport?	**Трябва ли ви паспортът ми?** [trʲábva li vi paspórtət mi?]

Le temps

Quelle heure est-il?	**Колко е часът?** [kólko e ʧasét?]
Quand?	**Кога?** [kogá?]
À quelle heure?	**В колко?** [v kólko?]
maintenant | plus tard | après …	**сега | по-късно | след …** [segá | po-késno | slet …]

une heure	**един часа** [edín ʧása]
une heure et quart	**един часа и петнадесет минути** [edín ʧása i petnádeset minúti]
une heure et demie	**един часа и тридесет минути** [edín ʧása i trídeset minúti]
deux heures moins quart	**два без петнадесет** [dva bez petnádeset]

un | deux | trois	**един | два | три** [edín | dva | tri]
quatre | cinq | six	**четири | пет | шест** [ʧétiri | pet | ʃest]
sept | huit | neuf	**седем | осем | девет** [sédem | ósem | dévet]
dix | onze | douze	**десет | единадесет | дванадесет** [déset | edinádeset | dvanádeset]

dans …	**след …** [slet …]
cinq minutes	**пет минути** [pet minúti]
dix minutes	**десет минути** [déset minúti]
quinze minutes	**петнадесет минути** [petnádeset minúti]
vingt minutes	**двадесет минути** [dvádeset minúti]
une demi-heure	**половин час** [polóvin ʧas]
une heure	**един час** [edín ʧas]

dans la matinée	**сутринта** [sutrínta]
tôt le matin	**рано сутринта** [ráno sutrínta]
ce matin	**днес сутринта** [dnes sutrínta]
demain matin	**утре сутринта** [útre sutrínta]
à midi	**на обяд** [na obʲád]
dans l'après-midi	**след обяд** [slet obʲát]
dans la soirée	**вечерта** [vetʃertá]
ce soir	**днес вечерта** [dnes vetʃertá]
la nuit	**през нощта** [prez noʃtá]
hier	**вчера** [vtʃéra]
aujourd'hui	**днес** [dnes]
demain	**утре** [útre]
après-demain	**вдругиден** [vdrúgiden]
Quel jour sommes-nous aujourd'hui?	**Какъв ден е днес?** [kakév den e dnes?]
Nous sommes …	**Днес е …** [dnes e …]
lundi	**понеделник** [ponedélnik]
mardi	**вторник** [ftórnik]
mercredi	**сряда** [srʲáda]
jeudi	**четвъртък** [tʃetvártək]
vendredi	**петък** [pétək]
samedi	**събота** [sébota]
dimanche	**неделя** [nedélʲa]

Salutations - Introductions

Bonjour.   **Здравейте.**
[zdravéjte]

Enchanté /Enchantée/   **Радвам се, че се запознахме.**
[rádvam se, ʧe se zapoznáhme]

Moi aussi.   **И аз.**
[i az]

Je voudrais vous présenter …   **Запознайте се. Това е …**
[zapoznájte se. tová e …]

Ravi de vous rencontrer.   **Много ми е приятно.**
[mnógo mi e prijátno]

Comment allez-vous?   **Как сте?**
[kak ste?]

Je m'appelle …   **Казвам се …**
[kázvam se …]

Il s'appelle …   **Той се казва …**
[toj se kázva …]

Elle s'appelle …   **Тя се казва …**
[tʲa se kázva …]

Comment vous appelez-vous?   **Как се казвате?**
[kak se kázvate?]

Quel est son nom? (m)   **Как се казва той?**
[kak se kázva toj?]

Quel est son nom? (f)   **Как се казва тя?**
[kak se kázva tʲa?]

Quel est votre nom de famille?   **Как ви е фамилията?**
[kak vi e famílijata?]

Vous pouvez m'appeler …   **Наричайте ме …**
[naríʧajte me …]

D'où êtes-vous?   **Откъде сте?**
[otkədé ste?]

Je suis de …   **Аз съм от …**
[az səm ot …]

Qu'est-ce que vous faites dans la vie?   **Като какъв работите?**
[kató kakév rábotite?]

Qui est-ce?   **Кой сте?**
[koj ste?]

Qui est-il?   **Кой е той?**
[koj e toj?]

Qui est-elle?   **Коя е тя?**
[kojá e tʲa?]

Qui sont-ils?   **Кои са те?**
[koi sa te?]

C'est …

Това е …
[tová e …]

mon ami

моят приятел
[mójat prijátel]

mon amie

моята приятелка
[mójata prijátelka]

mon mari

моят мъж
[mójat məʒ]

ma femme

моята жена
[mójata ʒená]

mon père

моят баща
[mójat baʃtá]

ma mère

моята майка
[mójata májka]

mon frère

моят брат
[mójat brat]

ma sœur

моята сестра
[mójata sestrá]

mon fils

моят син
[mójat sin]

ma fille

моята дъщеря
[mójata dəʃterʲá]

C'est notre fils.

Това е нашият син.
[tová e náʃijat sin]

C'est notre fille.

Това е нашата дъщеря.
[tová e náʃata dəʃterʲá]

Ce sont mes enfants.

Това са моите деца.
[tová sa móite detsá]

Ce sont nos enfants.

Това са нашите деца.
[tová sa náʃite detsá]

Les adieux

Au revoir!	**Довиждане!** [dovíʒdane!]
Salut!	**Чао!** [tʃao!]
À demain.	**До утре!** [do útre!]
À bientôt.	**До срещата!** [do sréʃtata!]
On se revoit à sept heures.	**Ще се срещнем в седем.** [ʃte se sréʃtnem v sédem]
Amusez-vous bien!	**Забавлявайте се!** [zabavlʲávajte se!]
On se voit plus tard.	**Ще поговорим по-късно.** [ʃte pogovórim po-kásno]
Bonne fin de semaine.	**Успешен уикенд!** [uspéʃen uíkend!]
Bonne nuit.	**Лека нощ.** [léka noʃt]
Il est l'heure que je parte.	**Сега трябва да тръгвам.** [segá trʲábva da trégvam]
Je dois m'en aller.	**Трябва да тръгвам.** [trʲábva da trégvam]
Je reviens tout de suite.	**Сега ще се върна.** [segá ʃte se várna]
Il est tard.	**Вече е късно.** [vétʃe e kásno]
Je dois me lever tôt.	**Трябва рано да ставам.** [trʲábva ráno da stávam]
Je pars demain.	**Аз заминавам утре.** [az zaminávam útre]
Nous partons demain.	**Ние утре заминаваме.** [nie útre zaminávame]
Bon voyage!	**Щастливо пътуване!** [ʃtastlívo pətúvane!]
Enchanté de faire votre connaissance.	**Беше ми приятно да се запознаем.** [béʃe mi prijátno da se zapoznáem]
Heureux /Heureuse/ d'avoir parlé avec vous.	**Беше ми приятно да поговоря с вас.** [béʃe mi prijátno da pogovórʲa s vas]
Merci pour tout.	**Благодаря за всичко.** [blagodarʲá za fsítʃko]

Je me suis vraiment amusé /amusée/ — **Прекрасно прекарах времето.**
[prekrásno prekárah vrémeto]

Nous nous sommes vraiment amusés /amusées/ — **Ние прекрасно прекарахме времето.**
[nie prekrásno prekárahme vrémeto]

C'était vraiment plaisant. — **Всичкото беше страхотно.**
[fsítʃkoto béʃe strahótno]

Vous allez me manquer. — **Ще скучая.**
[ʃte skutʃája]

Vous allez nous manquer. — **Ние ще скучаем.**
[nie ʃte skutʃáem]

Bonne chance! — **Късмет! Успех!**
[kəsmét! uspéh!]

Mes salutations à … — **Предайте поздрави на …**
[predájte pózdravi na …]

Une langue étrangère

Je ne comprends pas.	**Аз не разбирам.** [az ne razbíram]
Écrivez-le, s'il vous plaît.	**Напишете това, моля.** [napiʃéte tová, mólʲa]
Parlez-vous …?	**Знаете ли …?** [znáete li …?]
Je parle un peu …	**Малко знам …** [málko znam …]
anglais	**английски** [anglíjski]
turc	**турски** [túrski]
arabe	**арабски** [arápski]
français	**френски** [frénski]
allemand	**немски** [némski]
italien	**италиански** [italiánski]
espagnol	**испански** [ispánski]
portugais	**португалски** [portugálski]
chinois	**китайски** [kitájski]
japonais	**японски** [japónski]
Pouvez-vous le répéter, s'il vous plaît.	**Повторете, моля.** [poftoréte, mólʲa]
Je comprends.	**Аз разбирам.** [az razbíram]
Je ne comprends pas.	**Аз не разбирам.** [az ne razbíram]
Parlez plus lentement, s'il vous plaît.	**Говорете по-бавно, моля.** [govórete po-bávno, mólʲa]
Est-ce que c'est correct?	**Това правилно ли е?** [tová právilno li e?]
Qu'est-ce que c'est?	**Какво е това?** [kakvó e tová?]

Les excuses

Excusez-moi, s'il vous plaît.	**Извинете, моля.** [izvinéte, mólʲa]
Je suis désolé /désolée/	**Съжалявам.** [səʒalʲávam]
Je suis vraiment /désolée/	**Много съжалявам.** [mnógo səʒalʲávam]
Désolé /Désolée/, c'est ma faute.	**Виновен съм, вината е моя.** [vinóven səm, vináta e mója]
Au temps pour moi.	**Грешката е моя.** [greʃkata e mója]

Puis-je … ?	**Мога ли …?** [móga li …?]
Ça vous dérange si je …?	**Имате ли нещо против, ако аз …?** [ímate li néʃto protív, akó az …?]
Ce n'est pas grave.	**Няма нищо.** [nʲáma níʃto]
Ça va.	**Всичко е наред.** [fsítʃko e naréd]
Ne vous inquiétez pas.	**Не се безпокойте.** [ne se bespokójte]

Les accords

Oui	**Да.** [da]
Oui, bien sûr.	**Да, разбира се.** [da, razbíra se]
Bien.	**Добре!** [dobré!]
Très bien.	**Много добре!** [mnógo dobré!]
Bien sûr!	**Разбира се!** [razbíra se!]
Je suis d'accord.	**Съгласен /съгласна/ съм.** [səglásen /səglásna/ səm]
C'est correct.	**Вярно.** [vʲárno]
C'est exact.	**Правилно.** [právilno]
Vous avez raison.	**Прав /права/ сте.** [prav /práva/ ste]
Je ne suis pas contre.	**Не възразявам.** [ne vəzrazʲávam]
Tout à fait correct.	**Абсолютно вярно.** [absolʲútno vʲárno]
C'est possible.	**Това е възможно.** [tová e vəzmóʒno]
C'est une bonne idée.	**Това е добра идея.** [tová e dobrá idéja]
Je ne peux pas dire non.	**Не мога да откажа.** [ne móga da otkáʒa]
J'en serai ravi /ravie/	**Ще се радвам.** [ʃte se rádvam]
Avec plaisir.	**С удоволствие.** [s udovólstvie]

Refus, exprimer le doute

Non
Не.
[ne]

Absolument pas.
Не, разбира се.
[ne, razbíra se]

Je ne suis pas d'accord.
Аз не съм съгласен /съгласна/.
[az ne səm səglásen /səglásna/]

Je ne le crois pas.
Аз не мисля така.
[az ne míslʲa taká]

Ce n'est pas vrai.
Това не е вярно.
[tová ne e vʲárno]

Vous avez tort.
Грешите.
[greʃíte]

Je pense que vous avez tort.
Мисля, че грешите.
[míslʲa, ʧe greʃíte]

Je ne suis pas sûr /sûre/
Не съм сигурен /сигурна/.
[ne səm síguren /sígurna/]

C'est impossible.
Това не е възможно.
[tová ne e vəzmóʒno]

Pas du tout!
Нищо подобно!
[niʃto podóbno!]

Au contraire!
Напротив!
[naprótiv!]

Je suis contre.
Аз съм против.
[az səm protív]

Ça m'est égal.
На мен ми е все едно.
[na men mi e fse ednó]

Je n'ai aucune idée.
Нямам представа.
[nʲámam pretstáva]

Je doute que cela soit ainsi.
Съмнявам се, че е така.
[səmnʲávam se, ʧe e taká]

Désolé /Désolée/, je ne peux pas.
Извинете ме, аз не мога.
[izvinéte me, az ne móga]

Désolé /Désolée/, je ne veux pas.
Извинете ме, аз не искам.
[izvinéte me, az ne ískam]

Merci, mais ça ne m'intéresse pas.
Благодаря, това не ми трябва.
[blagodarʲá, tová ne mi trʲábva]

Il se fait tard.
Вече е късно.
[véʧe e kǝsno]

Je dois me lever tôt. **Трябва рано да ставам.**
[tr'ábva ráno da stávam]

Je ne me sens pas bien. **Чувствам се зле.**
[ʧúfstvam se zle]

Exprimer la gratitude

Merci.	**Благодаря.** [blagodar′á]
Merci beaucoup.	**Много благодаря.** [mnógo blagodar′á]
Je l'apprécie beaucoup.	**Много съм признателен** **/признателна/.** [mnógo səm priznátelen /priznátelna/]
Je vous suis très reconnaissant.	**Много съм ви благодарен** **/благодарна/.** [mnógo səm vi blagodáren /blagodárna/]
Nous vous sommes très reconnaissant.	**Ние сме ви благодарни.** [nie sme vi blagodárni]
Merci pour votre temps.	**Благодаря ви, че отделихте време.** [blagodar′á vi, ʧe otdelíhte vréme]
Merci pour tout.	**Благодаря за всичко.** [blagodar′á za fsíʧko]
Merci pour …	**Благодаря за …** [blagodar′á za …]
votre aide	**вашата помощ** [váʃata pómoʃt]
les bons moments passés	**хубавото време** [húbavoto vréme]
un repas merveilleux	**чудната храна** [ʧúdnata hraná]
cette agréable soirée	**приятната вечер** [prijátnata véʧer]
cette merveilleuse journée	**прекрасния ден** [prekrásnija den]
une excursion extraordinaire	**интересната екскурзия** [interésnata ekskúrzija]
Il n'y a pas de quoi.	**Няма за що.** [n′áma za ʃto]
Vous êtes les bienvenus.	**Моля.** [mól′a]
Mon plaisir.	**Винаги моля.** [vínagi mól′a]
J'ai été heureux /heureuse/ de vous aider.	**Радвам се, че помогнах.** [rádvam se, ʧe pomógnah]

Ça va. N'y pensez plus.　　　　　**Забравете.**
　　　　　　　　　　　　　　　　　[zabravéte]

Ne vous inquiétez pas.　　　　　**Не се безпокойте.**
　　　　　　　　　　　　　　　　　[ne se bespokójte]

Félicitations. Vœux de fête

Félicitations! **Поздравявам!**
[pozdravʲávam!]

Joyeux anniversaire! **Честит рожден ден!**
[tʃestít roʒdén den!]

Joyeux Noël! **Весела Коледа!**
[vésela kóleda!]

Bonne Année! **Честита Нова година!**
[tʃestíta nóva godína!]

Joyeuses Pâques! **Честит Великден!**
[tʃestít velíkden!]

Joyeux Hanoukka! **Честита Ханука!**
[tʃestíta hánuka!]

Je voudrais proposer un toast. **Имам тост.**
[ímam tost]

Santé! **За вашето здраве!**
[za váʃeto zdráve!]

Buvons à ...! **Да пием за ...!**
[da piém za ...!]

À notre succès! **За нашия успех!**
[za náʃija uspéh!]

À votre succès! **За вашия успех!**
[za váʃija uspéh!]

Bonne chance! **Късмет!**
[kəsmét!]

Bonne journée! **Приятен ден!**
[prijáten den!]

Passez de bonnes vacances ! **Хубава почивка!**
[húbava potʃífka!]

Bon voyage! **Успешно пътуване!**
[uspéʃno pətúvane!]

Rétablissez-vous vite. **Желая ви скорошно оздравяване!**
[ʒelája vi skóroʃno ozdravʲávane!]

Socialiser

Pourquoi êtes-vous si triste?	**Защо сте разстроени?** [zaʃtó ste rasstróeni?]
Souriez!	**Усмихнете се!** [usmihnéte se!]
Êtes-vous libre ce soir?	**Заети ли сте днес вечерта?** [zaéti li ste dnes vetʃertá?]
Puis-je vous offrir un verre?	**Мога ли да ви предложа едно питие?** [móga li da vi predlóʒa ednó pitié?]
Voulez-vous danser?	**Искате ли да танцувате?** [ískate li da tantsúvate?]
Et si on va au cinéma?	**Да отидем ли на кино?** [da otídem li na kíno?]
Puis-je vous inviter …	**Мога ли да ви поканя на …?** [móga li da vi pokánʲa na …?]
au restaurant	**ресторант** [restoránt]
au cinéma	**кино** [kíno]
au théâtre	**театър** [teátər]
pour une promenade	**на разходка** [na rashótka]
À quelle heure?	**В колко?** [v kólko?]
ce soir	**днес вечерта** [dnes vetʃertá]
à six heures	**в 6 часа** [v ʃest tʃasá]
à sept heures	**в 7 часа** [v sédem tʃasá]
à huit heures	**в 8 часа** [v ósem tʃasá]
à neuf heures	**в 9 часа** [v dévet tʃasá]
Est-ce que vous aimez cet endroit?	**Харесва ли ви тук?** [harésva li vi tuk?]
Êtes-vous ici avec quelqu'un?	**С някой ли сте тук?** [s nʲákoj li ste tuk?]

Je suis avec mon ami.

Аз съм с приятел /приятелка/.
[az səm s prijátel /prijátelka/]

Je suis avec mes amis.

Аз съм с приятели.
[az səm s prijáteli]

Non, je suis seul /seule/

Аз съм сам /сама/.
[az səm sam /samá/]

As-tu un copain?

Имаш ли приятел?
[ímaʃ li prijátel?]

J'ai un copain.

Аз имам приятел.
[az ímam prijátel]

As-tu une copine?

Имаш ли приятелка?
[ímaʃ li prijátelka?]

J'ai une copine.

Аз имам гадже.
[az ímam gádʒe]

Est-ce que je peux te revoir?

Ще се видим ли още?
[ʃte se vídim li oʃté?]

Est-ce que je peux t'appeler?

Мога ли да ти се обадя?
[móga li da ti se obádʲa?]

Appelle-moi.

Обади ми се.
[obádi mi se]

Quel est ton numéro?

Какъв ти е номерът?
[kakév ti e nómerət?]

Tu me manques.

Липсваш ми.
[lípsvaʃ mi]

Vous avez un très beau nom.

Имате много красиво име.
[ímate mnógo krasívo íme]

Je t'aime.

Аз те обичам.
[az te obítʃam]

Veux-tu te marier avec moi?

Омъжи се за мен.
[omézi se za men]

Vous plaisantez!

Шегувате се!
[ʃegúvate se!]

Je plaisante.

Аз само се шегувам.
[az sámo se ʃegúvam]

Êtes-vous sérieux /sérieuse/?

Сериозно ли говорите?
[seriózno li govórite?]

Je suis sérieux /sérieuse/

Сериозен /сериозна/ съм.
[seriózen /seriózna/ səm]

Vraiment?!

Наистина ли?!
[naístina li?!]

C'est incroyable!

Това е невероятно!
[tová e neverojátno!]

Je ne vous crois pas.

Не ви вярвам.
[ne vi vʲárvam]

Je ne peux pas.

Аз не мога.
[az ne móga]

Je ne sais pas.

Аз не знам.
[az ne znam]

Je ne vous comprends pas

Аз не ви разбирам.
[az ne vi razbíram]

Laissez-moi! Allez-vous-en!

Вървете си, моля.
[vərvéte si, mólʲa]

Laissez-moi tranquille!

Оставете ме на мира!
[ostávete me na mirá!]

Je ne le supporte pas.

Не го понасям.
[ne go ponásʲam]

Vous êtes dégoûtant!

Отвратителен сте!
[otvratítelen ste!]

Je vais appeler la police!

Ще повикам полиция!
[ʃte póvikam polítsija!]

Partager des impressions. Émotions

J'aime ça.	**Това ми харесва.** [tová mi harésva]
C'est gentil.	**Много мило.** [mnógo mílo]
C'est super!	**Това е страхотно!** [tová e strahótno!]
C'est assez bien.	**Не е лошо.** [ne e lóʃo]
Je n'aime pas ça.	**Това не ми харесва.** [tová ne mi harésva]
Ce n'est pas bien.	**Това не е добре.** [tová ne e dobré]
C'est mauvais.	**Това е лошо.** [tová e lóʃo]
Ce n'est pas bien du tout.	**Това е много лошо.** [tová e mnógo lóʃo]
C'est dégoûtant.	**Това е отвратително.** [tová e otvratítelno]
Je suis content /contente/	**Щастлив /щастлива/ съм.** [ʃtastlív /ʃtastlíva/ səm]
Je suis heureux /heureuse/	**Доволен /доволна/ съм.** [dovólen /dovólna/ səm]
Je suis amoureux /amoureuse/	**Влюбен /влюбена/ съм.** [vlʲúben /vlʲúbena/ səm]
Je suis calme.	**Спокоен /спокойна/ съм.** [spokóen /spokójna/ səm]
Je m'ennuie.	**Скучно ми е.** [skúʧno mi e]
Je suis fatigué /fatiguée/	**Аз се изморих.** [az se izmoríh]
Je suis triste.	**Тъжно ми е.** [téʒno mi e]
J'ai peur.	**Уплашен /уплашена/ съм.** [upláʃen /upláʃena/ səm]
Je suis fâché /fâchée/	**Ядосвам се.** [jadósvam se]
Je suis inquiet /inquiète/	**Вълнувам се.** [vəlnúvam se]
Je suis nerveux /nerveuse/	**Аз нервнича.** [az nérvniʧa]

Je suis jaloux /jalouse/   **Аз завиждам.**
[az zavíʒdam]

Je suis surpris /surprise/   **Учуден /учудена/ съм.**
[utʃúden /utʃúdena/ səm]

Je suis gêné /gênée/   **Аз съм объркан /объркана/.**
[az səm obérkan /obérkana/]

Problèmes. Accidents

J'ai un problème.	**Аз имам проблем.** [az ímam problém]
Nous avons un problème.	**Ние имаме проблем.** [nie ímame problém]
Je suis perdu /perdue/	**Аз се заблудих.** [az se zablúdih]
J'ai manqué le dernier bus (train).	**Аз закъснях за последния автобус (влак).** [az zakəsniáh za poslédniia aftobús (vlak)]
Je n'ai plus d'argent.	**Не ми останаха никакви пари.** [ne mi ostánaha níkakvi parí]

J'ai perdu mon ...	**Аз загубих ...** [az zagúbih ...]
On m'a volé mon ...	**Откраднаха ми ...** [otkrádnaha mi ...]
passeport	**паспорта** [paspórta]
portefeuille	**портмонето** [portmonéto]
papiers	**документите** [dokuméntite]
billet	**билета** [biléta]

argent	**парите** [paríte]
sac à main	**чантата** [ʧántata]
appareil photo	**фотоапарата** [fotoaparáta]
portable	**лаптопа** [laptópa]
ma tablette	**таблета** [tabléta]
mobile	**телефона** [telefóna]

Au secours!	**Помогнете!** [pomognéte!]
Qu'est-il arrivé?	**Какво се случи?** [kakvó se sluʧí?]

un incendie	**пожар** [poʒár]
des coups de feu	**стрелба** [strelbá]
un meurtre	**убийство** [ubíjstvo]
une explosion	**взрив** [vzriv]
une bagarre	**бой** [boj]

Appelez la police!	**Извикайте полиция!** [izvikájte polítsija!]
Dépêchez-vous, s'il vous plaît!	**Моля, по-бързо!** [mólʲa, po-bárzo!]
Je cherche le commissariat de police.	**Аз търся полицейски участък.** [az társʲa politséjski uˈʧastək]
Il me faut faire un appel.	**Трябва да се обадя.** [trʲábva da se obádʲa]
Puis-je utiliser votre téléphone?	**Мога ли да се обадя?** [móga li da se obádʲa?]

J'ai été …	**Мен ме …** [men me …]
agressé /agressée/	**ограбиха** [ográbiha]
volé /volée/	**обраха** [obráha]
violée	**изнасилиха** [iznasíliha]
attaqué /attaquée/	**пребиха** [prebíha]

Est-ce que ça va?	**Всичко ли е наред?** [fsíʧko li e naréd?]
Avez-vous vu qui c'était?	**Видяхте ли, кой беше?** [vidʲáhte li, koj béʃe?]
Pourriez-vous reconnaître cette personne?	**Ще можете ли да го познаете?** [ʃte móʒete li da go poznáete?]
Vous êtes sûr?	**Сигурен /сигурна/ ли сте?** [síguren /sígurna/ li ste?]

Calmez-vous, s'il vous plaît.	**Моля, да се успокоите.** [mólʲa, da se uspokóite]
Calmez-vous!	**По-спокойно!** [po-spokójno!]
Ne vous inquiétez pas.	**Не се безпокойте.** [ne se bespokójte]
Tout ira bien.	**Всичко ще се оправи.** [fsíʧko ʃte se oprávi]
Ça va. Tout va bien.	**Всичко е наред.** [fsíʧko e naréd]

Venez ici, s'il vous plaît.

Елате, моля.
[eláte, mólʲa]

J'ai des questions à vous poser.

Имам няколко въпроса към Вас.
[ímam nʲakólko vəprósa kəm vas]

Attendez un moment, s'il vous plaît.

Изчакайте, моля.
[iztʃákajte, mólʲa]

Avez-vous une carte d'identité?

Имате ли документи?
[ímate li dokuménti?]

Merci. Vous pouvez partir maintenant.

Благодаря. Свободни сте.
[blagodarʲá. svobódni ste]

Les mains derrière la tête!

Ръцете зад тила!
[rətséte zat tíla!]

Vous êtes arrêté!

Арестуван /арестувана/ сте!
[arestúvan /arestúvana/ ste!]

Problèmes de santé

Aidez-moi, s'il vous plaît.	**Помогнете, моля.** [pomognéte, mólʲa]
Je ne me sens pas bien.	**Лошо ми е.** [lóʃo mi e]
Mon mari ne se sent pas bien.	**На мъжа ми му е лошо.** [na məʒá mi mu e lóʃo]
Mon fils …	**На сина ми …** [na siná mi …]
Mon père …	**На баща ми …** [na baʃtá mi …]
Ma femme ne se sent pas bien.	**На жена ми и е лошо.** [na ʒená mi i e lóʃo]
Ma fille …	**На дъщеря ми …** [na dəʃterʲá mi …]
Ma mère …	**На майка ми …** [na májka mi …]
J'ai mal …	**Боли ме …** [bolí me …]
à la tête	**главата** [glaváta]
à la gorge	**гърлото** [gérloto]
à l'estomac	**корема** [koréma]
aux dents	**зъба** [zéba]
J'ai le vertige.	**Ви е ми се свят.** [vi e mi se svʲat]
Il a de la fièvre.	**Той има температура.** [toj íma temperatúra]
Elle a de la fièvre.	**Тя има температура.** [tʲa íma temperatúra]
Je ne peux pas respirer.	**Аз не мога да дишам.** [az ne móga da díʃam]
J'ai du mal à respirer.	**Аз се задъхвам.** [az se zadéhvam]
Je suis asthmatique.	**Аз съм астматик.** [az səm astmatík]
Je suis diabétique.	**Аз съм диабетик.** [az səm diabetík]

Je ne peux pas dormir.	**Имам безсъние.**
	[ímam besénie]
intoxication alimentaire	**хранително отравяне**
	[hranítelno otráv'ane]

Ça fait mal ici.	**Тук ме боли.**
	[tuk me bolí]
Aidez-moi!	**Помогнете!**
	[pomognéte!]
Je suis ici!	**Аз съм тук!**
	[az səm tuk!]
Nous sommes ici!	**Ние сме тук!**
	[nie sme tuk!]
Sortez-moi d'ici!	**Извадете ме!**
	[izvadéte me!]
J'ai besoin d'un docteur.	**Трябва ми лекар.**
	[tr'ábva mi lékar]
Je ne peux pas bouger!	**Не мога да мърдам.**
	[ne móga da mérdam]
Je ne peux pas bouger mes jambes.	**Не си чувствам краката.**
	[ne si t͡ʃúfstvam krakáta]

Je suis blessé /blessée/	**Аз съм ранен /ранена/.**
	[az səm ránen /ránena/]
Est-ce que c'est sérieux?	**Сериозно ли е?**
	[serióznо li e?]
Mes papiers sont dans ma poche.	**Документите ми са в джоба.**
	[dokuméntite mi sa v dʒóba]
Calmez-vous!	**Успокойте се!**
	[uspokójte se!]
Puis-je utiliser votre téléphone?	**Мога ли да се обадя?**
	[móga li da se obád'a?]

Appelez une ambulance!	**Повикайте бърза помощ!**
	[povikájte bérza pómoʃt!]
C'est urgent!	**Това е спешно!**
	[tová e spéʃno!]
C'est une urgence!	**Това е много спешно!**
	[tová e mnógo spéʃno!]
Dépêchez-vous, s'il vous plaît!	**Моля, по-бързо!**
	[mól'a, po-bérzo!]
Appelez le docteur, s'il vous plaît.	**Повикайте лекар, моля.**
	[povikájte lékar, mól'a]
Où est l'hôpital?	**Кажете, моля, къде е болницата?**
	[kaʒéte, mól'a, kədé e bólnitsata?]

Comment vous sentez-vous?	**Как се чувствате?**
	[kak se t͡ʃúfstvate?]
Est-ce que ça va?	**Всичко ли е наред?**
	[fsít͡ʃko li e naréd?]
Qu'est-il arrivé?	**Какво се случи?**
	[kakvó se slut͡ʃí?]

Je me sens mieux maintenant.

Вече ми е по-добре.
[vétʃe mi e po-dobré]

Ça va. Tout va bien.

Всичко е наред.
[fsítʃko e naréd]

Ça va.

Всичко е наред.
[fsítʃko e naréd]

À la pharmacie

pharmacie	**аптека** [aptéka]
pharmacie 24 heures	**денонощна аптека** [denonóʃtna aptéka]
Où se trouve la pharmacie la plus proche?	**Къде е най-близката аптека?** [kədé e naj-blízkata aptéka?]
Est-elle ouverte en ce moment?	**Сега отворена ли е?** [segá otvórena li e?]
À quelle heure ouvre-t-elle?	**В колко се отваря?** [v kólko se otvárʲa?]
à quelle heure ferme-t-elle?	**До колко работи?** [do kólko ráboti?]
C'est loin?	**Далече ли е?** [daléʧe li e?]
Est-ce que je peux y aller à pied?	**Ще стигна ли дотам пеша?** [ʃte stígna li dotám péʃa?]
Pouvez-vous me le montrer sur la carte?	**Покажете ми на картата, моля.** [pokaʒéte mi na kártata, mólʲa]
Pouvez-vous me donner quelque chose contre ...	**Дайте ми нещо за ...** [dájte mi néʃto za ...]
le mal de tête	**главоболие** [glavobólie]
la toux	**кашлица** [káʃlitsa]
le rhume	**настинка** [nastínka]
la grippe	**грип** [grip]
la fièvre	**температура** [temperatúra]
un mal d'estomac	**болки в стомаха** [bólki v stomáha]
la nausée	**повръщане** [povréʃtane]
la diarrhée	**диария** [diárija]
la constipation	**запек** [zápek]
un mal de dos	**болки в гърба** [bólki v gérba]

les douleurs de poitrine	**болки в гърдите** [bólki v gərdíte]
les points de côté	**болки отстрани** [bólki otstraní]
les douleurs abdominales	**болки в корема** [bólki v koréma]

une pilule	**таблетка** [tablétka]
un onguent, une crème	**маз, мехлем, крем** [maz, mehlém, krem]
un sirop	**сироп** [siróp]
un spray	**спрей** [sprej]
les gouttes	**капки** [kápki]

Vous devez allez à l'hôpital.	**Трябва да отидете в болница.** [triábva da otidéte v bólnitsa]
assurance maladie	**застраховка** [zastrahófka]
prescription	**рецепта** [retsépta]
produit anti-insecte	**препарат от насекоми** [preparát ot nasekómi]
bandages adhésifs	**лейкопласт** [lejkoplást]

Les essentiels

Excusez-moi, ...	**Извинете, ...** [izvinéte, ...]
Bonjour	**Здравейте.** [zdravéjte]
Merci	**Благодаря.** [blagodarʲá]
Au revoir	**Довиждане.** [dovíʒdane]
Oui	**Да.** [da]
Non	**Не.** [ne]
Je ne sais pas.	**Аз не знам.** [az ne znam]
Où? (~ es-tu?) | Où? (~ vas-tu?) | Quand?	**Къде? | Накъде? | Кога?** [kədé? | nakədé? | kogá?]
J'ai besoin de ...	**Трябва ми ...** [trʲábva mi ...]
Je veux ...	**Аз искам ...** [az ískam ...]
Avez-vous ... ?	**Имате ли ...?** [ímate li ...?]
Est-ce qu'il y a ... ici?	**Тук има ли ...?** [tuk íma li ...?]
Puis-je ... ?	**Мога ли ...?** [móga li ...?]
s'il vous plaît (pour une demande)	**Моля.** [mólʲa]
Je cherche ...	**Аз търся ...** [az térsʲa ...]
les toilettes	**тоалетна** [toalétna]
un distributeur	**банкомат** [bankomát]
une pharmacie	**аптека** [aptéka]
l'hôpital	**болница** [bólnitsa]
le commissariat de police	**полицейски участък** [politséjski utʃástək]
une station de métro	**метро** [metró]

un taxi	**такси** [táksi]
la gare	**гара** [gára]

Je m'appelle …	**Казвам се …** [kázvam se …]
Comment vous appelez-vous?	**Как се казвате?** [kak se kázvate?]
Aidez-moi, s'il vous plaît.	**Помогнете ми, моля.** [pomognéte mi, mólʲa]
J'ai un problème.	**Аз имам проблем.** [az ímam problém]
Je ne me sens pas bien.	**Лошо ми е.** [lóʃo mi e]
Appelez une ambulance!	**Повикайте бърза помощ!** [povikájte bérza pómoʃt!]
Puis-je faire un appel?	**Може ли да се обадя?** [móʒe li da se obádʲa?]

Excusez-moi.	**Извинявам се.** [izvinʲávam se]
Je vous en prie.	**Моля.** [mólʲa]

je, moi	**аз** [az]
tu, toi	**ти** [ti]
il	**той** [toj]
elle	**тя** [tʲa]
ils	**те** [te]
elles	**те** [te]
nous	**ние** [nie]
vous	**вие** [víe]
Vous	**Вие** [víe]

ENTRÉE	**ВХОД** [vhod]
SORTIE	**ИЗХОД** [íshot]
HORS SERVICE | EN PANNE	**НЕ РАБОТИ** [ne ráboti]
FERMÉ	**ЗАТВОРЕНО** [zatvóreno]

OUVERT **ОТВОРЕНО**
[otvóreno]

POUR LES FEMMES **ЗА ЖЕНИ**
[za ʒení]

POUR LES HOMMES **ЗА МЪЖЕ**
[za məʒé]

VOCABULAIRE THÉMATIQUE

Cette section contient plus
de 3000 des mots les plus
importants. Le dictionnaire
sera d'une aide indispensable
lors de voyages à l'étranger
puisque les mots individuels
sont souvent assez pour être
compris. Le dictionnaire
comprend une transcription
utile de chaque mot

T&P Books Publishing

CONTENU DU DICTIONNAIRE

T&P Books Publishing

CONCEPTS DE BASE

T&P Books Publishing

1. Les pronoms

je	аз	[az]
tu	ти	[ti]
il	той	[toj]
elle	тя	[tʲa]
ça	то	[to]
nous	ние	[níe]
vous	вие	[víe]
ils, elles	те	[te]

2. Adresser des vœux. Se dire bonjour

Bonjour! (fam.)	Здравей!	[zdravéj]
Bonjour! (form.)	Здравейте!	[zdravéjte]
Bonjour! (le matin)	Добро утро!	[dobró útro]
Bonjour! (après-midi)	Добър ден!	[dóbər den]
Bonsoir!	Добър вечер!	[dóbər vétʃer]
dire bonjour	поздравявам	[pozdravʲávam]
Salut!	Здрасти!	[zdrásti]
salut (m)	поздрав (м)	[pózdrav]
saluer (vt)	приветствувам	[privétstvuvam]
Comment ça va?	Как си?	[kak si]
Quoi de neuf?	Какво ново?	[kakvó nóvo]
Au revoir!	Довиждане!	[dovíʒdane]
À bientôt!	До скора среща!	[do skóra sréʃta]
Adieu!	Сбогом!	[zbógom]
dire au revoir	сбогувам се	[sbogúvam se]
Salut! (À bientôt!)	До скоро!	[do skóro]
Merci!	Благодаря!	[blagodarʲá]
Merci beaucoup!	Много благодаря!	[mnógo blagodarʲá]
Je vous en prie	Моля.	[mólʲa]
Il n'y a pas de quoi	Няма нищо.	[nʲáma níʃto]
Pas de quoi	Няма за какво.	[nʲáma za kakvó]
Excuse-moi!	Извинявай!	[izvinʲávaj]
Excusez-moi!	Извинявайте!	[izvinʲávajte]
excuser (vt)	извинявам	[izvinʲávam]
s'excuser (vp)	извинявам се	[izvinʲávam se]

Mes excuses	Моите извинения.	[móite izvinénija]
Pardonnez-moi!	Прощавайте!	[proʃtávajte]
s'il vous plaît	моля	[mólʲa]

N'oubliez pas!	Не забравяйте!	[ne zabrávʲajte]
Bien sûr!	Разбира се!	[razbíra se]
Bien sûr que non!	Разбира се, не!	[razbíra se ne]
D'accord!	Съгласен!	[səglásen]
Ça suffit!	Стига!	[stíga]

3. Les questions

Qui?	Кой?	[koj]
Quoi?	Какво?	[kakvó]
Où? (~ es-tu?)	Къде?	[kədé]
Où? (~ vas-tu?)	Къде?	[kədé]
D'où?	Откъде?	[otkədé]
Quand?	Кога?	[kogá]
Pourquoi? (~ es-tu venu?)	За какво?	[za kakvó]
Pourquoi? (~ t'es pâle?)	Защо?	[zaʃtó]

À quoi bon?	За какво?	[za kakvó]
Comment?	Как?	[kak]
Lequel?	Кой?	[koj]

À qui? (pour qui?)	На кого?	[na kogó]
De qui?	За кого?	[za kogó]
De quoi?	За какво?	[za kakvó]
Avec qui?	С кого?	[s kogó]

| Combien? | Колко? | [kólko] |
| À qui? (~ est ce livre?) | Чий? | [tʃij] |

4. Les prépositions

avec (~ toi)	с ...	[s]
sans (~ sucre)	без	[bez]
à (aller ~ ...)	в, във	[v], [vəf]
de (au sujet de)	за	[za]
avant (~ midi)	преди	[predí]
devant (~ la maison)	пред ...	[pret]

sous (~ la commode)	под	[pot]
au-dessus de ...	над	[nat]
sur (dessus)	върху	[vərhú]
de (venir ~ Paris)	от	[ot]
en (en bois, etc.)	от	[ot]
dans (~ deux heures)	след	[slet]

| par dessus | **през** | [pres] |

5. Les mots-outils. Les adverbes. Partie 1

Où? (~ es-tu?)	Къде?	[kədé]
ici (c'est ~)	тук	[tuk]
là-bas (c'est ~)	там	[tam]
quelque part (être)	някъде	[nʲákəde]
nulle part (adv)	никъде	[níkəde]
près de …	до …	[do]
près de la fenêtre	до прозореца	[do prozóretsa]
Où? (~ vas-tu?)	Къде?	[kədé]
ici (Venez ~)	тук	[tuk]
là-bas (j'irai ~)	нататък	[natátək]
d'ici (adv)	оттук	[ottúk]
de là-bas (adv)	оттам	[ottám]
près (pas loin)	близо	[blízo]
loin (adv)	далече	[dalétʃe]
près de (~ Paris)	до	[do]
tout près (adv)	редом	[rédom]
pas loin (adv)	недалече	[nedalétʃe]
gauche (adj)	ляв	[lʲav]
à gauche (être ~)	отляво	[otlʲávo]
à gauche (tournez ~)	вляво	[vlʲávo]
droit (adj)	десен	[désen]
à droite (être ~)	отдясно	[otdʲásno]
à droite (tournez ~)	вдясно	[vdʲásno]
devant (adv)	отпред	[otprét]
de devant (adj)	преден	[préden]
en avant (adv)	напред	[naprét]
derrière (adv)	отзад	[otzát]
par derrière (adv)	отзад	[otzát]
en arrière (regarder ~)	назад	[nazát]
milieu (m)	среда (ж)	[sredá]
au milieu (adv)	по средата	[po sredáta]
de côté (vue ~)	встрани	[fstraní]
partout (adv)	навсякъде	[nafsʲákəde]
autour (adv)	наоколо	[naókolo]
de l'intérieur	отвътре	[otvétre]
quelque part (aller)	някъде	[nʲákəde]
tout droit (adv)	направо	[naprávo]
en arrière (revenir ~)	обратно	[obrátno]

de quelque part (n'import d'où)	**откъдето и да е**	[otkədéto i da e]
de quelque part (on ne sait pas d'où)	**отнякъде**	[otnʲákəde]
premièrement (adv)	**първо**	[párvo]
deuxièmement (adv)	**второ**	[ftóro]
troisièmement (adv)	**трето**	[tréto]
soudain (adv)	**изведнъж**	[izvednéʃ]
au début (adv)	**в началото**	[f natʃáloto]
pour la première fois	**за пръв път**	[za prəv pét]
bien avant …	**много време преди …**	[mnógo vréme predí]
de nouveau (adv)	**наново**	[nanóvo]
pour toujours (adv)	**завинаги**	[zavínagi]
jamais (adv)	**никога**	[níkoga]
de nouveau, encore (adv)	**пак**	[pak]
maintenant (adv)	**сега**	[segá]
souvent (adv)	**често**	[tʃésto]
alors (adv)	**тогава**	[togáva]
d'urgence (adv)	**срочно**	[srótʃno]
d'habitude (adv)	**обикновено**	[obiknovéno]
à propos, …	**между другото …**	[méʒdu drúgoto]
c'est possible	**възможно**	[vəzmóʒno]
probablement (adv)	**вероятно**	[verojátno]
peut-être (adv)	**може би**	[móʒe bi]
en plus, …	**освен това, …**	[osvén tová]
c'est pourquoi …	**затова**	[zatová]
malgré …	**въпреки че …**	[vápreki tʃe]
grâce à …	**благодарение на …**	[blagodarénie na]
quoi (pron)	**какво**	[kakvó]
que (conj)	**че**	[tʃe]
quelque chose (Il m'est arrivé ~)	**нещо**	[néʃto]
quelque chose (peut-on faire ~)	**нещо**	[néʃto]
rien (m)	**нищо**	[níʃto]
qui (pron)	**кой**	[koj]
quelqu'un (on ne sait pas qui)	**някой**	[nʲákoj]
quelqu'un (n'importe qui)	**някой**	[nʲákoj]
personne (pron)	**никой**	[níkoj]
nulle part (aller ~)	**никъде**	[níkəde]
de personne	**ничий**	[nítʃij]
de n'importe qui	**нечий**	[nétʃij]
comme ça (adv)	**така**	[taká]
également (adv)	**също така**	[séʃto taká]

aussi (adv)	също	[séʃto]

6. Les mots-outils. Les adverbes. Partie 2

Pourquoi?	Защо?	[zaʃtó]
pour une certaine raison	кой знае защо	[koj znáe zaʃtó]
parce que ...	защото ...	[zaʃtóto]
pour une raison quelconque	кой знае защо	[koj znáe zaʃtó]

et (conj)	и	[i]
ou (conj)	или	[ilí]
mais (conj)	но	[no]
pour ... (prep)	за	[za]

trop (adv)	прекалено	[prekaléno]
seulement (adv)	само	[sámo]
précisément (adv)	точно	[tótʃno]
près de ... (prep)	около	[ókolo]

approximativement	приблизително	[priblizítelno]
approximatif (adj)	приблизителен	[priblizítelen]
presque (adv)	почти	[potʃtí]
reste (m)	остатък (м)	[ostátək]

l'autre (adj)	друг	[druk]
autre (adj)	друг	[druk]
chaque (adj)	всеки	[fséki]
n'importe quel (adj)	всеки	[fséki]
beaucoup (adv)	много	[mnógo]
plusieurs (pron)	много	[mnógo]
tous	всички	[fsítʃki]

en échange de ...	в обмяна на ...	[v obmʲána na]
en échange (adv)	в замяна	[v zamʲána]

à la main (adv)	ръчно	[rétʃno]
peu probable (adj)	едва ли	[edvá li]

probablement (adv)	вероятно	[verojátno]
exprès (adv)	специално	[spetsiálno]
par accident (adv)	случайно	[slutʃájno]

très (adv)	много	[mnógo]
par exemple (adv)	например	[naprímer]
entre (prep)	между	[meʒdú]
parmi (prep)	сред	[sret]
autant (adv)	толкова	[tólkova]
surtout (adv)	особено	[osóbeno]

NOMBRES. DIVERS

T&P Books Publishing

zéro	нула (ж)	[núla]
un	едно	[ednó]
deux	две	[dve]
trois	три	[tri]
quatre	четири	[ʧétiri]
cinq	пет	[pet]
six	шест	[ʃest]
sept	седем	[sédem]
huit	осем	[ósem]
neuf	девет	[dévet]
dix	десет	[déset]
onze	единадесет	[edinádeset]
douze	дванадесет	[dvanádeset]
treize	тринадесет	[trinádeset]
quatorze	четиринадесет	[ʧetirinádeset]
quinze	петнадесет	[petnádeset]
seize	шестнадесет	[ʃesnádeset]
dix-sept	седемнадесет	[sedemnádeset]
dix-huit	осемнадесет	[osemnádeset]
dix-neuf	деветнадесет	[devetnádeset]
vingt	двадесет	[dvádeset]
vingt et un	двадесет и едно	[dvádeset i ednó]
vingt-deux	двадесет и две	[dvádeset i dve]
vingt-trois	двадесет и три	[dvádeset i tri]
trente	тридесет	[trídeset]
trente et un	тридесет и едно	[trídeset i ednó]
trente-deux	тридесет и две	[trídeset i dve]
trente-trois	тридесет и три	[trídeset i tri]
quarante	четиридесет	[ʧetírideset]
quarante et un	четиридесет и едно	[ʧetírideset i ednó]
quarante-deux	четиридесет и две	[ʧetírideset i dve]
quarante-trois	четиридесет и три	[ʧetírideset i tri]
cinquante	петдесет	[petdesét]
cinquante et un	петдесет и едно	[petdesét i ednó]
cinquante-deux	петдесет и две	[petdesét i dve]
cinquante-trois	петдесет и три	[petdesét i tri]
soixante	шестдесет	[ʃestdesét]

soixante et un	шестдесет и едно	[ʃestdesét i ednó]
soixante-deux	шестдесет и две	[ʃestdesét i dve]
soixante-trois	шестдесет и три	[ʃestdesét i tri]

soixante-dix	седемдесет	[sedemdesét]
soixante et onze	седемдесет и едно	[sedemdesét i ednó]
soixante-douze	седемдесет и две	[sedemdesét i dve]
soixante-treize	седемдесет и три	[sedemdesét i tri]

quatre-vingts	осемдесет	[osemdesét]
quatre-vingt et un	осемдесет и едно	[osemdesét i ednó]
quatre-vingt deux	осемдесет и две	[osemdesét i dve]
quatre-vingt trois	осемдесет и три	[osemdesét i tri]

quatre-vingt-dix	деветдесет	[devetdesét]
quatre-vingt et onze	деветдесет и едно	[devetdesét i ednó]
quatre-vingt-douze	деветдесет и две	[devetdesét i dve]
quatre-vingt-treize	деветдесет и три	[devetdesét i tri]

8. Les nombres cardinaux. Partie 2

cent	сто	[sto]
deux cents	двеста	[dvésta]
trois cents	триста	[trísta]
quatre cents	четиристотин	[ʧétiri·stótin]
cinq cents	петстотин	[pét·stótin]

six cents	шестстотин	[ʃést·stótin]
sept cents	седемстотин	[sédem·stótin]
huit cents	осемстотин	[ósem·stótin]
neuf cents	деветстотин	[dévet·stótin]

mille	хиляда (ж)	[hilʲáda]
deux mille	две хиляди	[dve hílʲadi]
trois mille	три хиляди	[tri hílʲadi]
dix mille	десет хиляди	[déset hílʲadi]
cent mille	сто хиляди	[sto hílʲadi]
million (m)	милион (м)	[milión]
milliard (m)	милиард (м)	[miliárt]

9. Les nombres ordinaux

premier (adj)	първи	[pérvi]
deuxième (adj)	втори	[ftóri]
troisième (adj)	трети	[tréti]
quatrième (adj)	четвърти	[ʧetvérti]
cinquième (adj)	пети	[péti]
sixième (adj)	шести	[ʃésti]

septième (adj)	седми	[sédmi]
huitième (adj)	осми	[ósmi]
neuvième (adj)	девети	[devéti]
dixième (adj)	десети	[deséti]

LES COULEURS.
LES UNITÉS DE MESURE

T&P Books Publishing

couleur (f)	цвят (м)	[tsvʲat]
teinte (f)	оттенък (м)	[otténək]
ton (m)	тон (м)	[ton]
arc-en-ciel (m)	небесна дъга (ж)	[nebésna dəgá]

blanc (adj)	бял	[bʲal]
noir (adj)	черен	[tʃéren]
gris (adj)	сив	[siv]

vert (adj)	зелен	[zelén]
jaune (adj)	жълт	[ʒəlt]
rouge (adj)	червен	[tʃervén]
bleu (adj)	син	[sin]
bleu clair (adj)	небесносин	[nebesnosín]
rose (adj)	розов	[rózov]
orange (adj)	оранжев	[oránʒev]
violet (adj)	виолетов	[violétov]
brun (adj)	кафяв	[kafʲáv]

d'or (adj)	златен	[zláten]
argenté (adj)	сребрист	[srebríst]
beige (adj)	бежов	[béʒov]
crème (adj)	кремав	[krémaf]
turquoise (adj)	тюркоазен	[tʲurkoázen]
rouge cerise (adj)	вишнев	[víʃnev]
lilas (adj)	лилав	[liláf]
framboise (adj)	малинов	[malínov]

clair (adj)	светъл	[svétəl]
foncé (adj)	тъмен	[témen]
vif (adj)	ярък	[járək]

de couleur (adj)	цветен	[tsvéten]
en couleurs (adj)	цветен	[tsvéten]
noir et blanc (adj)	черно-бял	[tʃérno-bʲal]
unicolore (adj)	едноцветен	[edno·tsvéten]
multicolore (adj)	многоцветен	[mnogo·tsvéten]

| poids (m) | тегло (с) | [tegló] |
| longueur (f) | дължина (ж) | [dəɮiná] |

largeur (f)	широчина (ж)	[ʃirotʃiná]
hauteur (f)	височина (ж)	[visotʃiná]
profondeur (f)	дълбочина (ж)	[dəlbotʃiná]
volume (m)	обем (м)	[obém]
aire (f)	площ (ж)	[ploʃt]

gramme (m)	грам (м)	[gram]
milligramme (m)	милиграм (м)	[miligrám]
kilogramme (m)	килограм (м)	[kilográm]
tonne (f)	тон (м)	[ton]
livre (f)	фунт (м)	[funt]
once (f)	унция (ж)	[úntsija]

mètre (m)	метър (м)	[métər]
millimètre (m)	милиметър (м)	[milimétər]
centimètre (m)	сантиметър (м)	[santimétər]
kilomètre (m)	километър (м)	[kilométər]
mille (m)	миля (ж)	[mílʲa]

pouce (m)	дюйм (м)	[dʲujm]
pied (m)	фут (м)	[fut]
yard (m)	ярд (м)	[jart]

mètre (m) carré	квадратен метър (м)	[kvadráten métər]
hectare (m)	хектар (м)	[hektár]
litre (m)	литър (м)	[lítər]
degré (m)	градус (м)	[grádus]
volt (m)	волт (м)	[volt]
ampère (m)	ампер (м)	[ampér]
cheval-vapeur (m)	конска сила (ж)	[kónska síla]

quantité (f)	количество (c)	[kolítʃestvo]
un peu de …	малко …	[málko]
moitié (f)	половина (ж)	[polovína]
douzaine (f)	дузина (ж)	[duzína]
pièce (f)	брой (м)	[broj]

| dimension (f) | размер (м) | [razmér] |
| échelle (f) (de la carte) | мащаб (м) | [maʃtáp] |

minimal (adj)	минимален	[minimálen]
le plus petit (adj)	най-малък	[naj-málək]
moyen (adj)	среден	[sréden]
maximal (adj)	максимален	[maksimálen]
le plus grand (adj)	най-голям	[naj-golʲám]

12. Les récipients

| bocal (m) en verre | буркан (м) | [burkán] |
| boîte, canette (f) | тенекия (ж) | [tenekíja] |

seau (m)	кофа (ж)	[kófa]
tonneau (m)	бъчва (ж)	[bétʃva]
bassine, cuvette (f)	леген (м)	[legén]
cuve (f)	резервоар (м)	[rezervoár]
flasque (f)	манерка (ж)	[manérka]
jerrican (m)	туба (ж)	[túba]
citerne (f)	цистерна (ж)	[tsistérna]
tasse (f), mug (m)	чаша (ж)	[tʃáʃa]
tasse (f)	чаша (ж)	[tʃáʃa]
soucoupe (f)	чинийка (ж)	[tʃiníjka]
verre (m) (~ d'eau)	стакан (м)	[stakán]
verre (m) à vin	чаша (ж) за вино	[tʃáʃa za víno]
faitout (m)	тенджера (ж)	[téndʒera]
bouteille (f)	бутилка (ж)	[butílka]
goulot (m)	гърло (c) на бутилка	[gérlo na butílka]
carafe (f)	гарафа (ж)	[garáfa]
pichet (m)	кана (ж)	[kána]
récipient (m)	съд (м)	[sét]
pot (m)	гърне (c)	[gerné]
vase (m)	ваза (ж)	[váza]
flacon (m)	шишенце (c)	[ʃiʃéntse]
fiole (f)	шишенце (c)	[ʃiʃéntse]
tube (m)	тубичка (ж)	[túbitʃka]
sac (m) (grand ~)	чувал (м)	[tʃuvál]
sac (m) (~ en plastique)	плик (м)	[plik]
paquet (m) (~ de cigarettes)	кутия (ж)	[kutíja]
boîte (f)	кутия (ж)	[kutíja]
caisse (f)	щайга (ж)	[ʃtájga]
panier (m)	кошница (ж)	[kóʃnitsa]

T&P BOOKS

LES VERBES
LES PLUS IMPORTANTS

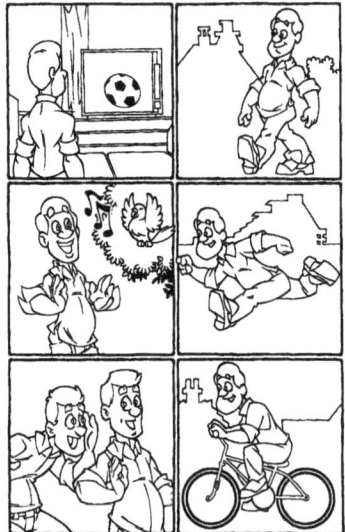

T&P Books Publishing

13. Les verbes les plus importants. Partie 1

aider (vt)	помагам	[pomágam]
aimer (qn)	обичам	[obítʃam]
aller (à pied)	вървя	[vərvʲá]
apercevoir (vt)	забелязвам	[zabelʲázvam]
appartenir à ...	принадлежа ...	[prinadleʒá]
appeler (au secours)	викам	[víkam]
attendre (vt)	чакам	[tʃákam]
attraper (vt)	ловя	[lovʲá]
avertir (vt)	предупреждавам	[predupreʒdávam]
avoir (vt)	имам	[ímam]
avoir confiance	доверявам	[doverʲávam]
avoir faim	искам да ям	[ískam da jam]
avoir peur	страхувам се	[strahúvam se]
avoir soif	искам да пия	[ískam da píja]
cacher (vt)	крия	[kríja]
casser (briser)	чупя	[tʃúpʲa]
cesser (vt)	прекратявам	[prekratʲávam]
changer (vt)	сменям	[sménʲam]
chasser (animaux)	ловувам	[lovúvam]
chercher (vt)	търся	[térsʲa]
choisir (vt)	избирам	[izbíram]
commander (~ le menu)	поръчвам	[porétʃvam]
commencer (vt)	започвам	[zapótʃvam]
comparer (vt)	сравнявам	[sravnʲávam]
comprendre (vt)	разбирам	[razbíram]
compter (dénombrer)	броя	[brojá]
compter sur ...	разчитам на ...	[rastʃítam na]
confondre (vt)	обърквам	[obérkvam]
connaître (qn)	познавам	[poznávam]
conseiller (vt)	съветвам	[səvétvam]
continuer (vt)	продължавам	[prodəłʒávam]
contrôler (vt)	контролирам	[kontrolíram]
courir (vi)	бягам	[bʲágam]
coûter (vt)	струвам	[strúvam]
créer (vt)	създам	[səzdám]
creuser (vt)	ровя	[róvʲa]
crier (vi)	викам	[víkam]

14. Les verbes les plus importants. Partie 2

décorer (~ la maison)	**украсявам**	[ukrasʲávam]
défendre (vt)	**защитавам**	[zaʃtitávam]
déjeuner (vi)	**обядвам**	[obʲádvam]
demander (~ l'heure)	**питам**	[pítam]
demander (de faire qch)	**моля**	[mólʲa]
descendre (vi)	**слизам**	[slízam]
deviner (vt)	**отгатна**	[otgátna]
dîner (vi)	**вечерям**	[vetʃérʲam]
dire (vt)	**кажа**	[káʒa]
diriger (~ une usine)	**ръководя**	[rəkovódʲa]
discuter (vt)	**обсъждам**	[obséʒdam]
donner (vt)	**давам**	[dávam]
donner un indice	**намеквам**	[namékvam]
douter (vt)	**съмнявам се**	[səmnʲávam se]
écrire (vt)	**пиша**	[píʃa]
entendre (bruit, etc.)	**чувам**	[tʃúvam]
entrer (vi)	**влизам**	[vlízam]
envoyer (vt)	**изпращам**	[ispráʃtam]
espérer (vi)	**надявам се**	[nadʲávam se]
essayer (vt)	**опитвам се**	[opítvam se]
être (vi)	**съм, бъда**	[səm], [béda]
être d'accord	**съгласявам се**	[səglasʲávam se]
être nécessaire	**трябвам**	[trʲábvam]
être pressé	**бързам**	[bérzam]
étudier (vt)	**изучавам**	[izutʃávam]
excuser (vt)	**извинявам**	[izvinʲávam]
exiger (vt)	**изисквам**	[izískvam]
exister (vi)	**съществувам**	[səʃtestvúvam]
expliquer (vt)	**обяснявам**	[obʲasnʲávam]
faire (vt)	**правя**	[právʲa]
faire tomber	**изтървавам**	[istərvávam]
finir (vt)	**приключвам**	[priklʲútʃvam]
garder (conserver)	**съхранявам**	[səhranʲávam]
gronder, réprimander (vt)	**ругая**	[rugája]
informer (vt)	**информирам**	[informíram]
insister (vi)	**настоявам**	[nastojávam]
insulter (vt)	**оскърбявам**	[oskərbʲávam]
inviter (vt)	**каня**	[kánʲa]
jouer (s'amuser)	**играя**	[igrája]

15. Les verbes les plus importants. Partie 3

libérer (ville, etc.)	освобождавам	[osvoboʒdávam]
lire (vi, vt)	чета	[t͡ʃeta]
louer (prendre en location)	наемам	[naémam]
manquer (l'école)	пропускам	[propúskam]
menacer (vt)	заплашвам	[zapláʃvam]
mentionner (vt)	споменавам	[spomenávam]
montrer (vt)	показвам	[pokázvam]
nager (vi)	плувам	[plúvam]
objecter (vt)	възразявам	[vəzrazʲávam]
observer (vt)	наблюдавам	[nablʲudávam]
ordonner (mil.)	заповядвам	[zapovʲádvam]
oublier (vt)	забравям	[zabrávʲam]
ouvrir (vt)	отварям	[otvárʲam]
pardonner (vt)	прощавам	[proʃtávam]
parler (vi, vt)	говоря	[govórʲa]
participer à …	участвам	[ut͡ʃástvam]
payer (régler)	плащам	[pláʃtam]
penser (vi, vt)	мисля	[míslʲa]
permettre (vt)	разрешавам	[razreʃávam]
plaire (être apprécié)	харесвам	[harésvam]
plaisanter (vi)	шегувам се	[ʃegúvam se]
planifier (vt)	планирам	[planíram]
pleurer (vi)	плача	[plát͡ʃa]
posséder (vt)	владея	[vladéja]
pouvoir (v aux)	мога	[móga]
préférer (vt)	предпочитам	[pretpot͡ʃítam]
prendre (vt)	взимам	[vzímam]
prendre en note	записвам	[zapísvam]
prendre le petit déjeuner	закусвам	[zakúsvam]
préparer (le dîner)	готвя	[gótvʲa]
prévoir (vt)	предвиждам	[predvíʒdam]
prier (~ Dieu)	моля се	[mólʲa se]
promettre (vt)	обещавам	[obeʃtávam]
prononcer (vt)	произнасям	[proiznásʲam]
proposer (vt)	предлагам	[predlágam]
punir (vt)	наказвам	[nakázvam]

16. Les verbes les plus importants. Partie 4

recommander (vt)	съветвам	[səvétvam]
regretter (vt)	съжалявам	[səʒalʲávam]

répéter (dire encore)	повтарям	[poftárʲam]
répondre (vi, vt)	отговарям	[otgovárʲam]
réserver (une chambre)	резервирам	[rezervíram]

rester silencieux	мълча	[məltʃá]
réunir (regrouper)	обединявам	[obedinʲávam]
rire (vi)	смея се	[sméja se]
s'arrêter (vp)	спирам се	[spíram se]
s'asseoir (vp)	сядам	[sʲádam]

sauver (la vie à qn)	спасявам	[spasʲávam]
savoir (qch)	знам	[znam]
se baigner (vp)	къпя се	[képʲa se]
se plaindre (vp)	оплаквам се	[oplákvam se]
se refuser (vp)	отказвам се	[otkázvam se]

se tromper (vp)	греша	[greʃá]
se vanter (vp)	хваля се	[hválʲa se]
s'étonner (vp)	удивлявам се	[udivlʲávam se]
signer (vt)	подписвам	[potpísvam]

signifier (vt)	означавам	[oznatʃávam]
s'intéresser (vp)	интересувам се	[interesúvam se]
sortir (aller dehors)	излизам	[izlízam]
sourire (vi)	усмихвам се	[usmíhvam se]
sous-estimer (vt)	недооценявам	[nedootsenʲávam]

suivre ... (suivez-moi)	вървя след ...	[varvʲá slet]
tirer (vi)	стрелям	[strélʲam]
tomber (vi)	падам	[pádam]
toucher (avec les mains)	пипам	[pípam]
tourner (~ à gauche)	завивам	[zavívam]

traduire (vt)	превеждам	[prevéʒdam]
travailler (vi)	работя	[rabótʲa]
tromper (vt)	лъжа	[léʒa]
trouver (vt)	намирам	[namíram]
tuer (vt)	убивам	[ubívam]
vendre (vt)	продавам	[prodávam]

venir (vi)	пристигам	[pristígam]
voir (vt)	виждам	[víʒdam]
voler (avion, oiseau)	летя	[letʲá]
voler (qch à qn)	крада	[kradá]
vouloir (vt)	искам	[ískam]

LA NOTION DE TEMPS. LE CALENDRIER

lundi (m)	понеделник (м)	[ponedélnik]
mardi (m)	вторник (м)	[ftórnik]
mercredi (m)	сряда (ж)	[srʲáda]
jeudi (m)	четвъртък (м)	[ʧetvértək]
vendredi (m)	петък (м)	[pétək]
samedi (m)	събота (ж)	[sébota]
dimanche (m)	неделя (ж)	[nedélʲa]
aujourd'hui (adv)	днес	[dnes]
demain (adv)	утре	[útre]
après-demain (adv)	вдругиден	[vdrugidén]
hier (adv)	вчера	[vʧéra]
avant-hier (adv)	завчера	[závʧera]
jour (m)	ден (м)	[den]
jour (m) ouvrable	работен ден (м)	[rabóten den]
jour (m) férié	празничен ден (м)	[práznitʃen den]
jour (m) de repos	почивен ден (м)	[potʃíven dén]
week-end (m)	почивни дни (м мн)	[potʃívni dni]
toute la journée	цял ден	[tsʲal den]
le lendemain	на следващия ден	[na slédvaʃtija den]
il y a 2 jours	преди два дена	[predí dva déna]
la veille	в навечерието	[v navetʃérieto]
quotidien (adj)	всекидневен	[fsekidnéven]
tous les jours	всекидневно	[fsekidnévno]
semaine (f)	седмица (ж)	[sédmitsa]
la semaine dernière	през миналата седмица	[pres mínalata sédmitsa]
la semaine prochaine	през следващата седмица	[pres slédvaʃtata sédmitsa]
hebdomadaire (adj)	седмичен	[sédmitʃen]
chaque semaine	седмично	[sédmitʃno]
2 fois par semaine	два пъти на седмица	[dva pətí na sédmitsa]
tous les mardis	всеки вторник	[fséki ftórnik]

matin (m)	сутрин (ж)	[sútrin]
le matin	сутринта	[sutrintá]
midi (m)	пладне (с)	[pládne]
dans l'après-midi	следобед	[sledóbet]

soir (m)	вечер (ж)	[vétʃer]
le soir	вечер	[vétʃer]
nuit (f)	нощ (ж)	[noʃt]
la nuit	нощем	[nóʃtem]
minuit (f)	полунощ (ж)	[polunóʃt]
seconde (f)	секунда (ж)	[sekúnda]
minute (f)	минута (ж)	[minúta]
heure (f)	час (м)	[tʃas]
demi-heure (f)	половин час (м)	[polovín tʃas]
un quart d'heure	четвърт (ж) час	[tʃétvərt tʃas]
quinze minutes	петнадесет минути	[petnádeset minúti]
vingt-quatre heures	денонощие (c)	[denonóʃtie]
lever (m) du soleil	изгрев слънце (c)	[ízgrev sléntsə]
aube (f)	разсъмване (c)	[rassémvane]
point (m) du jour	ранна сутрин (ж)	[ránna sútrin]
coucher (m) du soleil	залез (м)	[zález]
tôt le matin	рано сутрин	[ráno sútrin]
ce matin	тази сутрин	[tázi sútrin]
demain matin	утре сутрин	[útre sútrin]
cet après-midi	днес през деня	[dnes pres denʲá]
dans l'après-midi	следобед	[sledóbet]
demain après-midi	утре следобед	[útre sledóbet]
ce soir	довечера	[dovétʃera]
demain soir	утре вечер	[útre vétʃer]
à 3 heures précises	точно в три часа	[tótʃno v tri tʃasá]
autour de 4 heures	около четири часа	[ókolo tʃétiri tʃasá]
vers midi	към дванадесет часа	[kəm dvanádeset tʃasá]
dans 20 minutes	след двадесет минути	[slet dvádeset minúti]
dans une heure	след един час	[slet edín tʃas]
à temps	навреме	[navréme]
… moins le quart	без четвърт …	[bes tʃétvərt]
en une heure	в течение на един час	[v tetʃénie na edín tʃas]
tous les quarts d'heure	на всеки петнадесет минути	[na fséki petnádeset minúti]
24 heures sur 24	цяло денонощие	[tsʲálo denonóʃtie]

19. Les mois. Les saisons

janvier (m)	януари (м)	[januári]
février (m)	февруари (м)	[fevruári]
mars (m)	март (м)	[mart]
avril (m)	април (м)	[apríl]

mai (m)	**май** (м)	[maj]
juin (m)	**юни** (м)	[júni]
juillet (m)	**юли** (м)	[júli]
août (m)	**август** (м)	[ávgust]
septembre (m)	**септември** (м)	[septémvri]
octobre (m)	**октомври** (м)	[októmvri]
novembre (m)	**ноември** (м)	[noémvri]
décembre (m)	**декември** (м)	[dekémvri]
printemps (m)	**пролет** (ж)	[prólet]
au printemps	**през пролетта**	[prez prolettá]
de printemps (adj)	**пролетен**	[próleten]
été (m)	**лято** (с)	[lʲáto]
en été	**през лятото**	[prez lʲátoto]
d'été (adj)	**летен**	[léten]
automne (m)	**есен** (ж)	[ésen]
en automne	**през есента**	[prez esentá]
d'automne (adj)	**есенен**	[ésenen]
hiver (m)	**зима** (ж)	[zíma]
en hiver	**през зимата**	[prez zímata]
d'hiver (adj)	**зимен**	[zímen]
mois (m)	**месец** (м)	[mésets]
ce mois	**през този месец**	[pres tózi mésets]
le mois prochain	**през следващия месец**	[prez slédvaʃtija mésets]
le mois dernier	**през миналия месец**	[prez mínalija mésets]
il y a un mois	**преди един месец**	[predí edín mésets]
dans un mois	**след един месец**	[slet edín mésets]
dans 2 mois	**след два месеца**	[slet dva mésetsa]
tout le mois	**цял месец**	[tsʲal mésets]
tout un mois	**цял месец**	[tsʲal mésets]
mensuel (adj)	**месечен**	[mésetʃen]
mensuellement	**месечно**	[mésetʃno]
chaque mois	**всеки месец**	[fséki mésets]
2 fois par mois	**два пъти на месец**	[dva péti na mésets]
année (f)	**година** (ж)	[godína]
cette année	**тази година**	[tázi godína]
l'année prochaine	**през следващата година**	[prez slédvaʃtata godína]
l'année dernière	**през миналата година**	[prez mínalata godína]
il y a un an	**преди една година**	[predí edná godína]
dans un an	**след една година**	[slet edná godína]
dans 2 ans	**след две години**	[slet dve godíni]
toute l'année	**цяла година**	[tsʲála godína]

toute une année	цяла година	[tsʲála godína]
chaque année	всяка година	[fsʲáka godína]
annuel (adj)	ежегоден	[eʒegóden]
annuellement	ежегодно	[eʒegódno]
4 fois par an	четири пъти годишно	[tʃétiri péti godíʃno]
date (f) (jour du mois)	число (c)	[tʃisló]
date (f) (~ mémorable)	дата (ж)	[dáta]
calendrier (m)	календар (м)	[kalendár]
six mois	половин година	[polovín godína]
semestre (m)	полугодие (c)	[polugódie]
saison (f)	сезон (м)	[sezón]
siècle (m)	век (м)	[vek]

LES VOYAGES. L'HÔTEL

T&P Books Publishing

tourisme (m)	туризъм (м)	[turízəm]
touriste (m)	турист (м)	[turíst]
voyage (m) (à l'étranger)	пътешествие (с)	[pəteʃéstvie]
aventure (f)	приключение (с)	[priklʲutʃénie]
voyage (m)	пътуване (с)	[pətúvane]

vacances (f pl)	отпуска (ж)	[ótpuska]
être en vacances	бъда в отпуска	[bə́da v ótpuska]
repos (m) (jours de ~)	почивка (ж)	[potʃífka]

train (m)	влак (м)	[vlak]
en train	с влак	[s vlak]
avion (m)	самолет (м)	[samolét]
en avion	със самолет	[səs samolét]
en voiture	с кола	[s kolá]
en bateau	с кораб	[s kórap]

bagage (m)	багаж (м)	[bagáʃ]
malle (f)	куфар (м)	[kúfar]
chariot (m)	количка (ж) за багаж	[kolíʧka za bagáʃ]
passeport (m)	паспорт (м)	[paspórt]
visa (m)	виза (ж)	[víza]
ticket (m)	билет (м)	[bilét]
billet (m) d'avion	самолетен билет (м)	[samoléten bilét]

guide (m) (livre)	пътеводител (м)	[pətevodítel]
carte (f)	карта (ж)	[kárta]
région (f) (~ rurale)	местност (ж)	[méstnost]
endroit (m)	място (с)	[mʲásto]

exotisme (m)	екзотика (ж)	[ekzótika]
exotique (adj)	екзотичен	[ekzotíʧen]
étonnant (adj)	удивителен	[udivítelen]

groupe (m)	група (ж)	[grúpa]
excursion (f)	екскурзия (ж)	[ekskúrzija]
guide (m) (personne)	гид (м)	[git]

21. L'hôtel

| hôtel (m) | хотел (м) | [hotél] |
| motel (m) | мотел (м) | [motél] |

3 étoiles	три звезди	[tri zvezdí]
5 étoiles	пет звезди	[pet zvezdí]
descendre (à l'hôtel)	отсядам	[otsʲádam]
chambre (f)	стая (ж) в хотел	[stája f hotél]
chambre (f) simple	еднинична стая (ж)	[edinítʃna stája]
chambre (f) double	двойна стая (ж)	[dvójna stája]
réserver une chambre	резервирам стая	[rezervíram stája]
demi-pension (f)	полупансион (м)	[polupansión]
pension (f) complète	пълен пансион (м)	[pélen pansión]
avec une salle de bain	с баня	[s bánʲa]
avec une douche	с душ	[s duʃ]
télévision (f) par satellite	сателитна телевизия (ж)	[satelítna televízija]
climatiseur (m)	климатик (м)	[klimatík]
serviette (f)	кърпа (ж)	[kérpa]
clé (f)	ключ (м)	[klʲutʃ]
administrateur (m)	администратор (м)	[administrátor]
femme (f) de chambre	камериерка (ж)	[kameriérka]
porteur (m)	носач (м)	[nosátʃ]
portier (m)	портиер (м)	[portiér]
restaurant (m)	ресторант (м)	[restoránt]
bar (m)	бар (м)	[bar]
petit déjeuner (m)	закуска (ж)	[zakúska]
dîner (m)	вечеря (ж)	[vetʃérʲa]
buffet (m)	шведска маса (ж)	[ʃvétska mása]
hall (m)	вестибюл (м)	[vestibʲúl]
ascenseur (m)	асансьор (м)	[asansʲór]
PRIÈRE DE NE PAS DÉRANGER	НЕ МЕ БЕЗПОКОЙТЕ!	[ne me bespokójte]
DÉFENSE DE FUMER	ПУШЕНЕТО ЗАБРАНЕНО!	[puʃenéto zabráneno]

22. Le tourisme

monument (m)	паметник (м)	[pámetnik]
forteresse (f)	крепост (ж)	[krépost]
palais (m)	дворец (м)	[dvoréts]
château (m)	замък (м)	[záмək]
tour (f)	кула (ж)	[kúla]
mausolée (m)	мавзолей (м)	[mavzoléj]
architecture (f)	архитектура (ж)	[arhitektúra]
médiéval (adj)	средновековен	[srednovekóven]
ancien (adj)	старинен	[starínen]

| national (adj) | национален | [natsionálen] |
| connu (adj) | известен | [izvésten] |

touriste (m)	турист (м)	[turíst]
guide (m) (personne)	гид (м)	[git]
excursion (f)	екскурзия (ж)	[ekskúrzija]
montrer (vt)	показвам	[pokázvam]
raconter (une histoire)	разказвам	[raskázvam]

trouver (vt)	намеря	[naméri̇a]
se perdre (vp)	загубя се	[zagúbi̇a se]
plan (m) (du metro, etc.)	схема (ж)	[shéma]
carte (f) (de la ville, etc.)	план (м)	[plan]

souvenir (m)	сувенир (м)	[suvenír]
boutique (f) de souvenirs	сувенирен магазин (м)	[suveníren magazín]
prendre en photo	снимам	[snímam]
se faire prendre en photo	снимам се	[snímam se]

LES TRANSPORTS

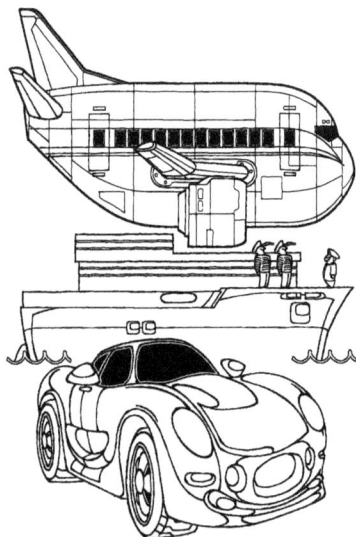

T&P Books Publishing

aéroport (m)	летище (c)	[letíʃte]
avion (m)	самолет (м)	[samolét]
compagnie (f) aérienne	авиокомпания (ж)	[aviokompánija]
contrôleur (m) aérien	авиодиспечер (м)	[aviodispétʃer]

départ (m)	излитане (c)	[izlítane]
arrivée (f)	кацане (c)	[kátsane]
arriver (par avion)	кацна	[kátsna]

| temps (m) de départ | време (c) на излитане | [vréme na izlítane] |
| temps (m) d'arrivée | време (c) на кацане | [vréme na kátsane] |

| être retardé | закъснявам | [zakəsnʲávam] |
| retard (m) de l'avion | закъснение (c) на излитане | [zakəsnénie na izlítane] |

tableau (m) d'informations	информационно табло (c)	[informatsiónno tabló]
information (f)	информация (ж)	[informátsija]
annoncer (vt)	обявявам	[obʲavʲávam]
vol (m)	рейс (м)	[rejs]

| douane (f) | митница (ж) | [mítnitsa] |
| douanier (m) | митничар (м) | [mitnitʃár] |

déclaration (f) de douane	декларация (ж)	[deklarátsija]
remplir (vt)	попълня	[popélnʲa]
remplir la déclaration	попълня декларация	[popélnʲa deklarátsija]
contrôle (m) de passeport	паспортен контрол (м)	[paspórten kontról]

bagage (m)	багаж (м)	[bagáʃ]
bagage (m) à main	ръчен багаж (м)	[rétʃen bagáʃ]
chariot (m)	количка (ж)	[kolítʃka]

atterrissage (m)	кацане (c)	[kátsane]
piste (f) d'atterrissage	писта (ж) за кацане	[písta za kátsane]
atterrir (vi)	кацам	[kátsam]
escalier (m) d'avion	стълба (ж)	[stélba]

enregistrement (m)	регистрация (ж)	[registrátsija]
comptoir (m) d'enregistrement	гише (c) за регистрация	[giʃé za registrátsija]
s'enregistrer (vp)	регистрирам се	[registríram se]
carte (f) d'embarquement	бордна карта (ж)	[bórdna kárta]

porte (f) d'embarquement	излизане (c)	[izlízane]
transit (m)	транзит (м)	[tranzít]
attendre (vt)	чакам	[ʧákam]
salle (f) d'attente	чакалня (ж)	[ʧakálnʲa]
raccompagner (à l'aéroport, etc.)	изпращам	[ispráʃtam]
dire au revoir	сбогувам се	[sbogúvam se]

24. L'avion

avion (m)	самолет (м)	[samolét]
billet (m) d'avion	самолетен билет (м)	[samoléten bilét]
compagnie (f) aérienne	авиокомпания (ж)	[aviokompánija]
aéroport (m)	летище (c)	[letíʃte]
supersonique (adj)	свръхзвуков	[svrəh·zvúkov]
commandant (m) de bord	командир (м) на самолет	[komandír na samolét]
équipage (m)	екипаж (м)	[ekipáʒ]
pilote (m)	пилот (м)	[pilót]
hôtesse (f) de l'air	стюардеса (ж)	[stʲuardésa]
navigateur (m)	щурман (м)	[ʃtúrman]
ailes (f pl)	крила (мн)	[krilá]
queue (f)	опашка (ж)	[opáʃka]
cabine (f)	кабина (ж)	[kabína]
moteur (m)	двигател (м)	[dvigátel]
train (m) d'atterrissage	шаси (мн)	[ʃasí]
turbine (f)	турбина (ж)	[turbína]
hélice (f)	перка (ж)	[pérka]
boîte (f) noire	черна кутия (ж)	[ʧérna kutíja]
gouvernail (m)	кормило (c)	[kormílo]
carburant (m)	гориво (c)	[gorívo]
consigne (f) de sécurité	инструкция (ж)	[instrúktsija]
masque (m) à oxygène	кислородна маска (ж)	[kisloródna máska]
uniforme (m)	униформа (ж)	[unifórma]
gilet (m) de sauvetage	спасителна жилетка (ж)	[spasítelna ʒilétka]
parachute (m)	парашут (м)	[paraʃút]
décollage (m)	излитане (c)	[izlítane]
décoller (vi)	излитам	[izlítam]
piste (f) de décollage	писта (ж) за излитане	[písta za izlítane]
visibilité (f)	видимост (ж)	[vídimost]
vol (m) (~ d'oiseau)	полет (м)	[pólet]
altitude (f)	височина (ж)	[visoʧiná]
trou (m) d'air	въздушна яма (ж)	[vəzdúʃna jáma]
place (f)	място (c)	[mʲásto]

écouteurs (m pl)	слушалки (ж мн)	[sluʃálki]
tablette (f)	прибираща се масичка (ж)	[pribíraʃta se másitʃka]
hublot (m)	илюминатор (м)	[ilʲuminátor]
couloir (m)	проход (м)	[próhot]

25. Le train

train (m)	влак (м)	[vlak]
train (m) de banlieue	електрически влак (м)	[elektrítʃeski vlak]
TGV (m)	бърз влак (м)	[bérz vlak]
locomotive (f) diesel	дизелов локомотив (м)	[dízelof lokomotíf]
locomotive (f) à vapeur	парен локомотив (м)	[páren lokomotíf]
wagon (m)	вагон (м)	[vagón]
wagon-restaurant (m)	вагон-ресторант (м)	[vagón-restoránt]
rails (m pl)	релси (ж мн)	[rélsi]
chemin (m) de fer	железница (ж)	[ʒeléznitsa]
traverse (f)	траверса (ж)	[travérsa]
quai (m)	платформа (ж)	[platfórma]
voie (f)	коловоз (м)	[kolovós]
sémaphore (m)	семафор (м)	[semafór]
station (f)	гара (ж)	[gára]
conducteur (m) de train	машинист (м)	[maʃiníst]
porteur (m)	носач (м)	[nosátʃ]
steward (m)	стюард (м)	[stʲuárt]
passager (m)	пътник (м)	[pétnik]
contrôleur (m) de billets	контрольор (м)	[kontrolʲór]
couloir (m)	коридор (м)	[koridór]
frein (m) d'urgence	аварийна спирачка (ж)	[avaríjna spirátʃka]
compartiment (m)	купе (с)	[kupé]
couchette (f)	легло (с)	[legló]
couchette (f) d'en haut	горно легло (с)	[górno legló]
couchette (f) d'en bas	долно легло (с)	[dólno legló]
linge (m) de lit	спално бельо (с)	[spálno belʲó]
ticket (m)	билет (м)	[bilét]
horaire (m)	разписание (с)	[raspisánie]
tableau (m) d'informations	табло (с)	[tabló]
partir (vi)	заминавам	[zaminávam]
départ (m) (du train)	заминаване (с)	[zaminávane]
arriver (le train)	пристигам	[pristígam]
arrivée (f)	пристигане (с)	[pristígane]
arriver en train	пристигна с влак	[pristígna s vlak]

| prendre le train | качвам се във влак | [kátʃvam se vəf vlak] |
| descendre du train | слизам от влак | [slízam ot vlak] |

accident (m) ferroviaire	катастрофа (ж)	[katastrófa]
dérailler (vi)	дерайлирам	[derajlíram]
locomotive (f) à vapeur	парен локомотив (м)	[páren lokomotíf]
chauffeur (m)	огняр (м)	[ognʲár]
chauffe (f)	пещ (м) на локомотив	[peʃt na lokomotíf]
charbon (m)	въглища (ж)	[végliʃta]

26. Le bateau

| bateau (m) | кораб (м) | [kórap] |
| navire (m) | плавателен съд (м) | [plavátelen sət] |

bateau (m) à vapeur	параход (м)	[parahót]
paquebot (m)	моторен кораб (м)	[motóren kórap]
bateau (m) de croisière	рейсов кораб (м)	[réjsov kórap]
croiseur (m)	крайцер (м)	[krájtser]

yacht (m)	яхта (ж)	[jáhta]
remorqueur (m)	влекач (м)	[vlekátʃ]
péniche (f)	шлеп (м)	[ʃlep]
ferry (m)	сал (м)	[sal]

| voilier (m) | платноходка (ж) | [platnohótka] |
| brigantin (m) | бригантина (ж) | [brigantína] |

| brise-glace (m) | ледоразбивач (м) | [ledo·razbivátʃ] |
| sous-marin (m) | подводница (ж) | [podvódnitsa] |

canot (m) à rames	лодка (ж)	[lótka]
dinghy (m)	лодка (ж)	[lótka]
canot (m) de sauvetage	спасителна лодка (ж)	[spasítelna lótka]
canot (m) à moteur	катер (м)	[káter]

capitaine (m)	капитан (м)	[kapitán]
matelot (m)	матрос (м)	[matrós]
marin (m)	моряк (м)	[morʲák]
équipage (m)	екипаж (м)	[ekipáʒ]

maître (m) d'équipage	боцман (м)	[bótsman]
mousse (m)	юнга (м)	[júnga]
cuisinier (m) du bord	корабен готвач (м)	[kóraben gotvátʃ]
médecin (m) de bord	корабен лекар (м)	[kóraben lékar]

pont (m)	палуба (ж)	[páluba]
mât (m)	мачта (ж)	[mátʃta]
voile (f)	корабно платно (с)	[kórabno platnó]
cale (f)	трюм (м)	[trʲum]

proue (f)	нос (м)	[nos]
poupe (f)	кърма (ж)	[kərmá]
rame (f)	гребло (c)	[grebló]
hélice (f)	витло (c)	[vitló]

cabine (f)	каюта (ж)	[kajúta]
carré (m) des officiers	каюткомпания (ж)	[kajut kompánija]
salle (f) des machines	машинно отделение (c)	[maʃínno otdelénie]
passerelle (f)	капитански мостик (м)	[kapitánski móstik]
cabine (f) de T.S.F.	радиобудка (ж)	[rádiobútka]
onde (f)	вълна (ж)	[vəlná]
journal (m) de bord	корабен дневник (м)	[kóraben dnévnik]

longue-vue (f)	далекоглед (м)	[dalekoglét]
cloche (f)	камбана (ж)	[kambána]
pavillon (m)	знаме (c)	[známe]

| grosse corde (f) tressée | дебело въже (c) | [debélo vəʒé] |
| nœud (m) marin | възел (м) | [vézel] |

| rampe (f) | дръжка (ж) | [dréʃka] |
| passerelle (f) | трап (м) | [trap] |

ancre (f)	котва (ж)	[kótva]
lever l'ancre	вдигна котва	[vdígna kótva]
jeter l'ancre	хвърля котва	[hvérlʲa kótva]
chaîne (f) d'ancrage	котвена верига (ж)	[kótvena veríga]

port (m)	пристанище (c)	[pristániʃte]
embarcadère (m)	кей (м)	[kej]
accoster (vi)	акостирам	[akostíram]
larguer les amarres	отплувам	[otplúvam]

voyage (m) (à l'étranger)	пътешествие (c)	[pəteʃéstvie]
croisière (f)	морско пътешествие (c)	[mórsko pəteʃéstvie]
cap (m) (suivre un ~)	курс (м)	[kurs]
itinéraire (m)	маршрут (м)	[marʃrút]

chenal (m)	фарватер (м)	[farváter]
bas-fond (m)	плитчина (ж)	[plittʃiná]
échouer sur un bas-fond	заседна на плитчина	[zasédna na plittʃiná]

tempête (f)	буря (ж)	[búrʲa]
signal (m)	сигнал (м)	[signál]
sombrer (vi)	потъвам	[potévam]
SOS (m)	SOS	[sos]
bouée (f) de sauvetage	спасителен пояс (м)	[spasítilen pójas]

T&P BOOKS

LA VILLE

T&P Books Publishing

autobus (m)	автобус (м)	[əftobús]
tramway (m)	трамвай (м)	[tramváj]
trolleybus (m)	тролей (м)	[troléj]
itinéraire (m)	маршрут (м)	[marʃrút]
numéro (m)	номер (м)	[nómer]
prendre ...	пътувам с ...	[pətúvam s]
monter (dans l'autobus)	качвам се в ...	[kátʃvam se v]
descendre de ...	слязa от ...	[slʲáza ot]
arrêt (m)	спирка (ж)	[spírka]
arrêt (m) prochain	следваща спирка (ж)	[slédvaʃta spírka]
terminus (m)	последна спирка (ж)	[poslédna spírka]
horaire (m)	разписание (с)	[raspisánie]
attendre (vt)	чакам	[tʃákam]
ticket (m)	билет (м)	[bilét]
prix (m) du ticket	цена (ж) на билета	[tsená na biléta]
caissier (m)	касиер (м)	[kasiér]
contrôle (m) des tickets	контрола (ж)	[kontróla]
contrôleur (m)	контрольор (м)	[kontrolʲór]
être en retard	закъснявам	[zakəsnʲávam]
rater (~ le train)	закъснея за ...	[zakəsnéja za]
se dépêcher	бързам	[bə́rzam]
taxi (m)	такси (с)	[taksí]
chauffeur (m) de taxi	таксиметров шофьор (м)	[taksimétrof ʃofʲór]
en taxi	с такси	[s taksí]
arrêt (m) de taxi	пиаца (ж) на такси	[piátsa na taksí]
appeler un taxi	извикам такси	[izvíkam taksí]
prendre un taxi	взема такси	[vzéma taksí]
trafic (m)	улично движение (с)	[úlitʃno dviʒénie]
embouteillage (m)	задръстване (с)	[zadréstvane]
heures (f pl) de pointe	час пик (м)	[tʃas pík]
se garer (vp)	паркирам се	[parkíram se]
garer (vt)	паркирам	[párkiram]
parking (m)	паркинг (м)	[párking]
métro (m)	метро (с)	[metró]
station (f)	станция (ж)	[stántsija]

prendre le métro	пътувам с метро	[pətúvam s metró]
train (m)	влак (м)	[vlak]
gare (f)	гара (ж)	[gára]

28. La ville. La vie urbaine

ville (f)	град (м)	[grat]
capitale (f)	столица (ж)	[stólitsa]
village (m)	село (с)	[sélo]

plan (m) de la ville	план (м) на града	[plan na gradá]
centre-ville (m)	център (м) на града	[tséntər na gradá]
banlieue (f)	предградие (с)	[predgrádie]
de banlieue (adj)	крайградски	[krajgrátski]

périphérie (f)	покрайнина (ж)	[pokrajniná]
alentours (m pl)	околности (мн)	[okólnosti]
quartier (m)	квартал (м)	[kvartál]
quartier (m) résidentiel	жилищен квартал (м)	[ʒíliʃten kvartál]

trafic (m)	движение (с)	[dviʒénie]
feux (m pl) de circulation	светофар (м)	[svetofár]
transport (m) urbain	градски транспорт (м)	[grátski transpórt]
carrefour (m)	кръстовище (с)	[krəstóviʃte]

passage (m) piéton	зебра (ж)	[zébra]
passage (m) souterrain	подлез (м)	[pódlez]
traverser (vt)	пресичам	[presíʧam]
piéton (m)	пешеходец (м)	[peʃehódets]
trottoir (m)	тротоар (м)	[trotoár]

pont (m)	мост (м)	[most]
quai (m)	кей (м)	[kej]
fontaine (f)	фонтан (м)	[fontán]

allée (f)	алея (ж)	[aléja]
parc (m)	парк (м)	[park]
boulevard (m)	булевард (м)	[bulevárt]
place (f)	площад (м)	[ploʃtát]
avenue (f)	авеню (с)	[avenʲú]
rue (f)	улица (ж)	[úlitsa]
ruelle (f)	пресечка (ж)	[preséʧka]
impasse (f)	задънена улица (ж)	[zadénena úlitsa]

maison (f)	къща (ж)	[kéʃta]
édifice (m)	сграда (ж)	[zgráda]
gratte-ciel (m)	небостъргач (м)	[nebostərgátʃ]

| façade (f) | фасада (ж) | [fasáda] |
| toit (m) | покрив (м) | [pókriv] |

fenêtre (f)	прозорец (м)	[prozórets]
arc (m)	арка (ж)	[árka]
colonne (f)	колона (ж)	[kolóna]
coin (m)	ъгъл (м)	[ə́gəl]

vitrine (f)	витрина (ж)	[vitrína]
enseigne (f)	табела (ж)	[tabéla]
affiche (f)	афиш (м)	[afíʃ]
affiche (f) publicitaire	постер (м)	[póster]
panneau-réclame (m)	билборд (м)	[bilbórt]

ordures (f pl)	боклук (м)	[boklúk]
poubelle (f)	кошче (с)	[kóʧʲe]
jeter à terre	правя боклук	[právʲa boklúk]
décharge (f)	сметище (с)	[smétiʃte]

cabine (f) téléphonique	телефонна будка (ж)	[telefónna bútka]
réverbère (m)	стълб (м) с фенер	[stəlp s fenér]
banc (m)	пейка (ж)	[péjka]

policier (m)	полицай (м)	[politsáj]
police (f)	полиция (ж)	[polítsija]
clochard (m)	сиромах (м)	[siromáh]
sans-abri (m)	бездомник (м)	[bezdómnik]

29. Les institutions urbaines

magasin (m)	магазин (м)	[magazín]
pharmacie (f)	аптека (ж)	[aptéka]
opticien (m)	оптика (ж)	[óptika]
centre (m) commercial	търговски център (м)	[tərgófski tséntər]
supermarché (m)	супермаркет (м)	[supermárket]

boulangerie (f)	хлебарница (ж)	[hlebárnitsa]
boulanger (m)	фурнаджия (ж)	[furnadʒíja]
pâtisserie (f)	сладкарница (ж)	[slatkárnitsa]
épicerie (f)	бакалия (ж)	[bakalíja]
boucherie (f)	месарница (ж)	[mesárnitsa]

| magasin (m) de légumes | магазин (м) за плодове и зеленчуци | [magazín za plodové i zelenʧútsi] |
| marché (m) | пазар (м) | [pazár] |

salon (m) de café	кафене (с)	[kafené]
restaurant (m)	ресторант (м)	[restoránt]
brasserie (f)	бирария (ж)	[birárija]
pizzeria (f)	пицария (ж)	[pitsaríja]

| salon (m) de coiffure | фризьорски салон (м) | [frizʲórski salón] |
| poste (f) | поща (ж) | [póʃta] |

pressing (m)	химическо чистене (c)	[himítʃesko tʃístene]
atelier (m) de photo	фотостудио (c)	[fotostúdio]
magasin (m) de chaussures	магазин (м) за обувки	[magazín za obúfki]
librairie (f)	книжарница (ж)	[kniʒárnitsa]
magasin (m) d'articles de sport	магазин (м) за спортни стоки	[magazín za spórtni stóki]
atelier (m) de retouche	поправка (ж) на дрехи	[popráfka na dréhi]
location (f) de vêtements	дрехи (ж мн) под наем	[dréhi pot náem]
location (f) de films	филми (м мн) под наем	[fílmi pot náem]
cirque (m)	цирк (м)	[tsirk]
zoo (m)	зоологическа градина (ж)	[zoologítʃeska gradína]
cinéma (m)	кино (c)	[kíno]
musée (m)	музей (м)	[muzéj]
bibliothèque (f)	библиотека (ж)	[bibliotéka]
théâtre (m)	театър (м)	[teátər]
opéra (m)	опера (ж)	[ópera]
boîte (f) de nuit	нощен клуб (м)	[nóʃten klup]
casino (m)	казино (c)	[kazíno]
mosquée (f)	джамия (ж)	[dʒamíja]
synagogue (f)	синагога (ж)	[sinagóga]
cathédrale (f)	катедрала (ж)	[katedrála]
temple (m)	храм (м)	[hram]
église (f)	църква (ж)	[tsérkva]
institut (m)	институт (м)	[institút]
université (f)	университет (м)	[universitét]
école (f)	училище (c)	[utʃíliʃte]
préfecture (f)	префектура (ж)	[prefektúra]
mairie (f)	кметство (c)	[kmétstvo]
hôtel (m)	хотел (м)	[hotél]
banque (f)	банка (ж)	[bánka]
ambassade (f)	посолство (c)	[posólstvo]
agence (f) de voyages	туристическа агенция (ж)	[turistítʃeska agéntsija]
bureau (m) d'information	справки (м мн)	[spráfki]
bureau (m) de change	обменно бюро (c)	[obménno bʲúro]
métro (m)	метро (c)	[metró]
hôpital (m)	болница (ж)	[bólnitsa]
station-service (f)	бензиностанция (ж)	[benzino·stántsija]
parking (m)	паркинг (м)	[párking]

30. Les enseignes. Les panneaux

enseigne (f)	табела (ж)	[tabéla]
pancarte (f)	надпис (м)	[nádpis]
poster (m)	постер (м)	[póster]
indicateur (m) de direction	указател (м)	[ukazátel]
flèche (f)	стрелка (ж)	[strelká]
avertissement (m)	предпазване (с)	[predpázvane]
panneau d'avertissement	предупреждение (с)	[predupreʒdénie]
avertir (vt)	предупредя	[predupredʲá]
jour (m) de repos	почивен ден (м)	[potʃíven dén]
horaire (m)	разписание (с)	[raspisánie]
heures (f pl) d'ouverture	работно време (с)	[rabótno vréme]
BIENVENUE!	ДОБРЕ ДОШЛИ!	[dobré doʃlí]
ENTRÉE	ВХОД	[vhot]
SORTIE	ИЗХОД	[íshot]
POUSSER	БУТНИ	[butní]
TIRER	ДРЪПНИ	[drəpní]
OUVERT	ОТВОРЕНО	[otvóreno]
FERMÉ	ЗАТВОРЕНО	[zatvóreno]
FEMMES	ЖЕНИ	[ʒení]
HOMMES	МЪЖЕ	[məʒé]
RABAIS	НАМАЛЕНИЕ	[namalénie]
SOLDES	РАЗПРОДАЖБА	[rasprodáʒba]
NOUVEAU!	НОВА СТОКА	[nóva stóka]
GRATUIT	БЕЗПЛАТНО	[besplátno]
ATTENTION!	ВНИМАНИЕ!	[vnimánie]
COMPLET	НЯМА СВОБОДНИ МЕСТА	[nʲáma svobódni mestá]
RÉSERVÉ	РЕЗЕРВИРАНО	[rezervírano]
ADMINISTRATION	АДМИНИСТРАЦИЯ	[administrátsija]
RÉSERVÉ AU PERSONNEL	ЗАБРАНЕНО ЗА ВЪНШНИ ЛИЦА	[zabráneno za venʃni lítsa]
ATTENTION CHIEN MÉCHANT	ЗЛО КУЧЕ	[zlo kútʃe]
DÉFENSE DE FUMER	ПУШЕНЕТО ЗАБРАНЕНО!	[puʃenéto zabráneno]
PRIÈRE DE NE PAS TOUCHER	НЕ ПИПАЙ!	[ne pípaj]
DANGEREUX	ОПАСНО	[opásno]
DANGER	ОПАСНОСТ	[opásnost]

HAUTE TENSION	ВИСОКО НАПРЕЖЕНИЕ	[visóko napreʒénie]
BAIGNADE INTERDITE	КЪПАНЕТО ЗАБРАНЕНО	[képaneto zabranéno]
HORS SERVICE	НЕ РАБОТИ	[ne rabóti]
INFLAMMABLE	ОГНЕОПАСНО	[ogneopásno]
INTERDIT	ЗАБРАНЕНО	[zabranéno]
PASSAGE INTERDIT	МИНАВАНЕТО ЗАБРАНЕНО	[minávaneto zabranéno]
PEINTURE FRAÎCHE	ПАЗИ СЕ ОТ БОЯТА	[pazi se ot bojáta]

31. Le shopping

acheter (vt)	купувам	[kupúvam]
achat (m)	покупка (ж)	[pokúpka]
faire des achats	пазарувам	[pazarúvam]
shopping (m)	пазаруване (c)	[pazarúvane]
être ouvert	работя	[rabótʲa]
être fermé	затваря се	[zatvárʲa se]
chaussures (f pl)	обувки (ж мн)	[obúfki]
vêtement (m)	облекло (c)	[oblekló]
produits (m pl) de beauté	козметика (ж)	[kozmétika]
produits (m pl) alimentaires	продукти (м мн)	[prodúkti]
cadeau (m)	подарък (м)	[podárək]
vendeur (m)	продавач (м)	[prodavátʃ]
vendeuse (f)	продавачка (ж)	[prodavátʃka]
caisse (f)	каса (ж)	[kása]
miroir (m)	огледало (c)	[ogledálo]
comptoir (m)	щанд (м)	[ʃtant]
cabine (f) d'essayage	пробна (ж)	[próbna]
essayer (robe, etc.)	пробвам	[próbvam]
aller bien (robe, etc.)	подхождам	[podhóʒdam]
plaire (être apprécié)	харесвам	[harésvam]
prix (m)	цена (ж)	[tsená]
étiquette (f) de prix	етикет (м)	[etikét]
coûter (vt)	струвам	[strúvam]
Combien?	Колко?	[kólko]
rabais (m)	намаление (c)	[namalénie]
pas cher (adj)	нескъп	[neskép]
bon marché (adj)	евтин	[éftin]
cher (adj)	скъп	[skəp]
C'est cher	Това е скъпо	[tová e sképo]
location (f)	под наем (м)	[pot náem]

louer (une voiture, etc.)	взимам под наем	[vzímam pot náem]
crédit (m)	кредит (м)	[krédit]
à crédit (adv)	на кредит	[na krédit]

LES VÊTEMENTS & LES ACCESSOIRES

T&P Books Publishing

32. Les vêtements d'extérieur

vêtement (m)	облекло (c)	[obleklό]
survêtement (m)	горни дрехи (ж мн)	[gόrni dréhi]
vêtement (m) d'hiver	зимни дрехи (ж мн)	[zímni dréhi]
manteau (m)	палто (c)	[paltό]
manteau (m) de fourrure	кожено палто (c)	[kόʒeno paltό]
veste (f) de fourrure	полушубка (ж)	[poluʃúpka]
manteau (m) de duvet	пухено яке (c)	[púheno jáke]
veste (f) (~ en cuir)	яке (c)	[jáke]
imperméable (m)	шлифер (м)	[ʃlífer]
imperméable (adj)	непромокаем	[nepromokáem]

33. Les vêtements

chemise (f)	риза (ж)	[ríza]
pantalon (m)	панталон (м)	[pantalόn]
jean (m)	дънки, джинси (мн)	[dénki], [dʒínsi]
veston (m)	сако (c)	[sakό]
complet (m)	костюм (м)	[kostʲúm]
robe (f)	рокля (ж)	[rόklʲa]
jupe (f)	пола (ж)	[polá]
chemisette (f)	блуза (ж)	[blúza]
veste (f) en laine	жилетка (ж)	[ʒilétka]
jaquette (f), blazer (m)	сако (c)	[sakό]
tee-shirt (m)	тениска (ж)	[téniska]
short (m)	къси панталони (м мн)	[kési pantalόni]
costume (m) de sport	анцуг (м)	[ántsuk]
peignoir (m) de bain	хавлиен халат (м)	[ħavlíen halát]
pyjama (m)	пижама (ж)	[piʒáma]
chandail (m)	пуловер (м)	[pulόver]
pull-over (m)	пуловер (м)	[pulόver]
gilet (m)	елек (м)	[elék]
queue-de-pie (f)	фрак (м)	[frak]
smoking (m)	смокинг (м)	[smόking]
uniforme (m)	униформа (ж)	[unifόrma]
tenue (f) de travail	работно облекло (c)	[rabότno obleklό]

| salopette (f) | гащеризон (m) | [gaʃterizón] |
| blouse (f) (d'un médecin) | бяла престилка (ж) | [bʲála prestílka] |

34. Les sous-vêtements

sous-vêtements (m pl)	бельо (c)	[belʲó]
boxer (m)	боксер (m)	[boksér]
slip (m) de femme	прашка (ж)	[práʃka]
maillot (m) de corps	потник (m)	[pótnik]
chaussettes (f pl)	чорапи (м мн)	[ʧorápi]
chemise (f) de nuit	нощница (ж)	[nóʃtnitsa]
soutien-gorge (m)	сутиен (m)	[sutién]
chaussettes (f pl) hautes	чорапи	[ʧorápi
	три четвърт (м мн)	tri ʧétvərt]
collants (m pl)	чорапогащник (m)	[ʧorapogáʃtnik]
bas (m pl)	чорапи (м мн)	[ʧorápi]
maillot (m) de bain	бански костюм (m)	[bánski kostʲúm]

35. Les chapeaux

chapeau (m)	шапка (ж)	[ʃápka]
chapeau (m) feutre	шапка (ж)	[ʃápka]
casquette (f) de base-ball	шапка (ж) с козирка	[ʃápka s kozirká]
casquette (f)	каскет (m)	[kaskét]
béret (m)	барета (ж)	[baréta]
capuche (f)	качулка (ж)	[kaʧúlka]
panama (m)	панама (ж)	[panáma]
bonnet (m) de laine	плетена шапка (ж)	[plétena ʃápka]
foulard (m)	кърпа (ж)	[kérpa]
chapeau (m) de femme	шапка (ж)	[ʃápka]
casque (m) (d'ouvriers)	каска (ж)	[káska]
calot (m)	пилотка (ж)	[pilótka]
casque (m) (~ de moto)	шлем (m)	[ʃlem]
melon (m)	бомбе (c)	[bombé]
haut-de-forme (m)	цилиндър (m)	[tsilíndər]

36. Les chaussures

chaussures (f pl)	обувки (ж мн)	[obúfki]
bottines (f pl)	ботинки (мн)	[botínki]
souliers (m pl) (~ plats)	обувки (ж мн)	[obúfki]

bottes (f pl)	ботуши (м мн)	[botúʃi]
chaussons (m pl)	чехли (м мн)	[tʃéhli]
tennis (m pl)	маратонки (ж мн)	[maratónki]
baskets (f pl)	кецове (м мн)	[kétsove]
sandales (f pl)	сандали (мн)	[sandáli]
cordonnier (m)	обущар (м)	[obuʃtár]
talon (m)	ток (м)	[tok]
paire (f)	чифт (м)	[tʃift]
lacet (m)	връзка (ж)	[vréska]
lacer (vt)	връзвам	[vrézvam]
chausse-pied (m)	обувалка (ж)	[obuválka]
cirage (m)	крем (м) за обувки	[krem za obúfki]

37. Les accessoires personnels

gants (m pl)	ръкавици (ж мн)	[rəkavítsi]
moufles (f pl)	ръкавици (ж мн) с един пръст	[rəkavítsi s edín pərst]
écharpe (f)	шал (м)	[ʃal]
lunettes (f pl)	очила (мн)	[otʃilá]
monture (f)	рамка (ж) за очила	[rámka za otʃilá]
parapluie (m)	чадър (м)	[tʃadér]
canne (f)	бастун (м)	[bastún]
brosse (f) à cheveux	четка (ж) за коса	[tʃétka za kosá]
éventail (m)	ветрило (с)	[vetrílo]
cravate (f)	вратовръзка (ж)	[vratovrézka]
nœud papillon (m)	папийонка (ж)	[papijónka]
bretelles (f pl)	тиранти (мн)	[tiránti]
mouchoir (m)	носна кърпичка (ж)	[nósna kérpitʃka]
peigne (m)	гребен (м)	[grében]
barrette (f)	шнола (ж)	[ʃnóla]
épingle (f) à cheveux	фиба (ж)	[fíba]
boucle (f)	катарама (ж)	[kataráma]
ceinture (f)	колан (м)	[kolán]
bandoulière (f)	ремък (м)	[rémək]
sac (m)	чанта (ж)	[tʃánta]
sac (m) à main	чантичка (ж)	[tʃántitʃka]
sac (m) à dos	раница (ж)	[ránitsa]

38. Les vêtements. Divers

mode (f)	мода (ж)	[móda]
à la mode (adj)	модерен	[modéren]
couturier,	моделиер (м)	[modeliér]
créateur de mode		

col (m)	яка (ж)	[jaká]
poche (f)	джоб (м)	[dʒop]
de poche (adj)	джобен	[dʒóben]
manche (f)	ръкав (м)	[rəkáv]
bride (f)	закачалка (ж)	[zakatʃálka]
braguette (f)	копчелък (м)	[koptʃelók]

fermeture (f) à glissière	цип (м)	[tsip]
agrafe (f)	закопчалка (ж)	[zakoptʃálka]
bouton (m)	копче (с)	[kóptʃe]
boutonnière (f)	илик (м)	[ilík]
s'arracher (bouton)	откъсна се	[otkésna se]

coudre (vi, vt)	шия	[ʃíja]
broder (vt)	бродирам	[brodíram]
broderie (f)	бродерия (ж)	[brodérija]
aiguille (f)	игла (ж)	[iglá]
fil (m)	конец (м)	[konéts]
couture (f)	тегел (м)	[tegél]

se salir (vp)	изцапам се	[istsápam se]
tache (f)	петно (с)	[petnó]
se froisser (vp)	смачкам се	[smátʃkam se]
déchirer (vt)	скъсам	[skésam]
mite (f)	молец (м)	[moléts]

39. L'hygiène corporelle. Les cosmétiques

dentifrice (m)	паста (ж) за зъби	[pásta za zébi]
brosse (f) à dents	четка (ж) за зъби	[tʃétka za zébi]
se brosser les dents	мия си зъбите	[míja si zébite]

rasoir (m)	бръснач (м)	[brəsnátʃ]
crème (f) à raser	крем (м) за бръснене	[krem za brésnene]
se raser (vp)	бръсна се	[brésna se]

| savon (m) | сапун (м) | [sapún] |
| shampooing (m) | шампоан (м) | [ʃampoán] |

ciseaux (m pl)	ножица (ж)	[nóʒitsa]
lime (f) à ongles	пиличка (ж) за нокти	[pílitʃka za nókti]
pinces (f pl) à ongles	ножичка (ж) за нокти	[nóʒitʃka za nókti]

pince (f) à épiler	пинсета (ж)	[pinséta]
produits (m pl) de beauté	козметика (ж)	[kozmétika]
masque (m) de beauté	маска (ж)	[máska]
manucure (f)	маникюр (м)	[manikʲúr]
se faire les ongles	правя маникюр	[právʲa manikʲúr]
pédicurie (f)	педикюр (м)	[pedikʲúr]
trousse (f) de toilette	козметична чантичка (ж)	[kozmetítʃna tʃántitʃka]
poudre (f)	пудра (ж)	[púdra]
poudrier (m)	пудриера (ж)	[pudriéra]
fard (m) à joues	руж (ж)	[ruʃ]
parfum (m)	парфюм (м)	[parfʲúm]
eau (f) de toilette	тоалетна вода (ж)	[toalétna vodá]
lotion (f)	лосион (м)	[losión]
eau de Cologne (f)	одеколон (м)	[odekolón]
fard (m) à paupières	сенки (ж мн) за очи	[sénki za otʃí]
crayon (m) à paupières	молив (м) за очи	[móliv za otʃí]
mascara (m)	спирала (ж)	[spirála]
rouge (m) à lèvres	червило (с)	[tʃervílo]
vernis (m) à ongles	лак (м) за нокти	[lak za nókti]
laque (f) pour les cheveux	лак (м) за коса	[lak za kosá]
déodorant (m)	дезодорант (м)	[dezodoránt]
crème (f)	крем (м)	[krem]
crème (f) pour le visage	крем (м) за лице	[krem za litsé]
crème (f) pour les mains	крем (м) за ръце	[krem za rətsé]
crème (f) anti-rides	крем (м) срещу бръчки	[krem sreʃtú brátʃki]
crème (f) de jour	дневен крем (м)	[dnéven krem]
crème (f) de nuit	нощен крем (м)	[nóʃten krem]
de jour (adj)	дневен	[dnéven]
de nuit (adj)	нощен	[nóʃten]
tampon (m)	тампон (м)	[tampón]
papier (m) de toilette	тоалетна хартия (ж)	[toalétna hartíja]
sèche-cheveux (m)	сешоар (м)	[seʃoár]

40. Les montres. Les horloges

montre (f)	часовник (м)	[tʃasóvnik]
cadran (m)	циферблат (м)	[tsiferblát]
aiguille (f)	стрелка (ж)	[strelká]
bracelet (m)	гривна (ж)	[grívna]
bracelet (m) (en cuir)	каишка (ж)	[kaíʃka]
pile (f)	батерия (ж)	[batérija]
être déchargé	батерията се изтощи	[batérijata se istoʃtí]
changer de pile	сменям батерия	[sménʲam batérija]

| avancer (vi) | избързвам | [izbérzvam] |
| retarder (vi) | изоставам | [izostávam] |

pendule (f)	стенен часовник (m)	[sténen tʃasóvnik]
sablier (m)	пясъчен часовник (m)	[pʲásətʃen tʃasóvnik]
cadran (m) solaire	слънчев часовник (m)	[sléntʃev tʃasóvnik]
réveil (m)	будилник (m)	[budílnik]
horloger (m)	часовникар (m)	[tʃasovnikár]
réparer (vt)	поправям	[poprávʲam]

L'EXPÉRIENCE QUOTIDIENNE

T&P Books Publishing

argent (m)	пари (мн)	[parí]
échange (m)	обмяна (ж)	[obmʲána]
cours (m) de change	курс (м)	[kurs]
distributeur (m)	банкомат (м)	[bankomát]
monnaie (f)	монета (ж)	[monéta]
dollar (m)	долар (м)	[dólar]
euro (m)	евро (с)	[évro]
lire (f)	лира (ж)	[líra]
mark (m) allemand	марка (ж)	[márka]
franc (m)	франк (м)	[frank]
livre sterling (f)	британска лира (ж)	[británska líra]
yen (m)	йена (ж)	[jéna]
dette (f)	дълг (м)	[dəlk]
débiteur (m)	длъжник (м)	[dləʒník]
prêter (vt)	давам на заем	[dávam na záem]
emprunter (vt)	взема на заем	[vzéma na záem]
banque (f)	банка (ж)	[bánka]
compte (m)	сметка (ж)	[smétka]
verser (dans le compte)	депозирам	[depozíram]
verser dans le compte	внеса в сметка	[vnesá v smétka]
retirer du compte	тегля от сметката	[téglʲa ot smétkata]
carte (f) de crédit	кредитна карта (ж)	[kréditna kárta]
espèces (f pl)	налични пари (мн)	[nalítʃni parí]
chèque (m)	чек (м)	[tʃek]
faire un chèque	подпиша чек	[potpíʃa tʃek]
chéquier (m)	чекова книжка (ж)	[tʃékova kníʃka]
portefeuille (m)	портфейл (м)	[portféjl]
bourse (f)	портмоне (с)	[portmoné]
coffre fort (m)	сейф (м)	[sejf]
héritier (m)	наследник (м)	[naslédnik]
héritage (m)	наследство (с)	[naslétstvo]
fortune (f)	състояние (с)	[səstojánie]
location (f)	наем (м)	[náem]
loyer (m) (argent)	наем (м)	[náem]
louer (prendre en location)	наемам	[naémam]
prix (m)	цена (ж)	[tsená]

coût (m)	стойност (ж)	[stójnost]
somme (f)	сума (ж)	[súma]
dépenser (vt)	харча	[hártʃa]
dépenses (f pl)	разходи (м мн)	[ráshodi]
économiser (vt)	пестя	[pestʲá]
économe (adj)	пестелив	[pestelíf]
payer (régler)	плащам	[pláʃtam]
paiement (m)	плащане (с)	[pláʃtane]
monnaie (f) (rendre la ~)	ресто (с)	[résto]
impôt (m)	данък (м)	[dánək]
amende (f)	глоба (ж)	[glóba]
mettre une amende	глобявам	[globʲávam]

42. La poste. Les services postaux

poste (f)	поща (ж)	[póʃta]
courrier (m) (lettres, etc.)	поща (ж)	[póʃta]
facteur (m)	пощальон (м)	[poʃtalʲón]
heures (f pl) d'ouverture	работно време (с)	[rabótno vréme]
lettre (f)	писмо (с)	[pismó]
recommandé (m)	препоръчано писмо (с)	[preporétʃano pismó]
carte (f) postale	картичка (ж)	[kártitʃka]
télégramme (m)	телеграма (ж)	[telegráma]
colis (m)	колет (м)	[kolét]
mandat (m) postal	паричен превод (м)	[parítʃen prévot]
recevoir (vt)	получа	[polútʃa]
envoyer (vt)	изпратя	[isprátʲa]
envoi (m)	изпращане (с)	[ispráʃtane]
adresse (f)	адрес (м)	[adrés]
code (m) postal	пощенски код (м)	[póʃtenski kot]
expéditeur (m)	подател (м)	[podátel]
destinataire (m)	получател (м)	[polutʃátel]
prénom (m)	име (с)	[íme]
nom (m) de famille	фамилия (ж)	[famílija]
tarif (m)	тарифа (ж)	[tarífa]
normal (adj)	обикновен	[obiknovén]
économique (adj)	икономичен	[ikonomítʃen]
poids (m)	тегло (с)	[tegló]
peser (~ les lettres)	претеглям	[pretéglʲam]
enveloppe (f)	плик (м)	[plik]
timbre (m)	марка (ж)	[márka]

43. Les opérations bancaires

banque (f)	банка (ж)	[bánka]
agence (f) bancaire	клон (м)	[klon]
conseiller (m)	консултант (м)	[konsultánt]
gérant (m)	управител (м)	[uprávitel]
compte (m)	сметка (ж)	[smétka]
numéro (m) du compte	номер (м) на сметка	[nómer na smétka]
compte (m) courant	текуща сметка (ж)	[tekúʃta smétka]
compte (m) sur livret	спестовна сметка (ж)	[spestóvna smétka]
ouvrir un compte	откривам сметка	[otkrívam smétka]
clôturer le compte	закривам сметка	[zakrívam smétka]
verser dans le compte	депозирам в сметка	[depozíram f smétka]
retirer du compte	тегля от сметката	[téglʲa ot smétkata]
dépôt (m)	влог (м)	[vlok]
faire un dépôt	направя влог	[naprávʲa vlok]
virement (m) bancaire	превод (м)	[prévot]
faire un transfert	направя превод	[naprávʲa prévot]
somme (f)	сума (ж)	[súma]
Combien?	Колко?	[kólko]
signature (f)	подпис (м)	[pótpis]
signer (vt)	подпиша	[potpíʃa]
carte (f) de crédit	кредитна карта (ж)	[kréditna kárta]
code (m)	код (м)	[kot]
numéro (m) de carte	номер (м)	[nómer
de crédit	на кредитна карта	na kréditna kárta]
distributeur (m)	банкомат (м)	[bankomát]
chèque (m)	чек (м)	[ʧek]
faire un chèque	подпиша чек	[potpíʃa ʧek]
chéquier (m)	чекова книжка (ж)	[ʧékova kníʃka]
crédit (m)	кредит (м)	[krédit]
demander un crédit	кандидатствам	[kandidátstvam
	за кредит	za krédit]
prendre un crédit	взимам кредит	[vzímam krédit]
accorder un crédit	предоставям кредит	[predostávʲam krédit]
gage (m)	гаранция (ж)	[garántsija]

44. Le téléphone. La conversation téléphonique

téléphone (m)	телефон (м)	[telefón]
portable (m)	мобилен телефон (м)	[mobílen telefón]

répondeur (m)	телефонен секретар (м)	[telefónen sekretár]
téléphoner, appeler	обаждам се	[obáӡdam se]
appel (m)	обаждане (c)	[obáӡdane]

composer le numéro	набирам номер	[nabíram nómer]
Allô!	Ало!	[álo]
demander (~ l'heure)	питам	[pítam]
répondre (vi, vt)	отговарям	[otgováriam]

entendre (bruit, etc.)	чувам	[ʧúvam]
bien (adv)	добре	[dobré]
mal (adv)	лошо	[lóʃo]
bruits (m pl)	шумове (м мн)	[ʃúmove]

récepteur (m)	слушалка (ж)	[sluʃálka]
décrocher (vt)	вдигам слушалката	[vdígam sluʃálkata]
raccrocher (vi)	затварям телефона	[zatváriam telefóna]

occupé (adj)	заета	[zaéta]
sonner (vi)	звъня	[zvəniá]
carnet (m) de téléphone	телефонен справочник (м)	[telefónen spravótʃnik]

local (adj)	селищен	[séliʃten]
appel (m) local	селищен разговор (м)	[séliʃten rázgovor]
interurbain (adj)	международски	[meӡdugrátski]
appel (m) interurbain	международски разговор (м)	[meӡdugrátski rázgovor]
international (adj)	международен	[meӡdunaróden]
appel (m) international	международен разговор (м)	[meӡdunaróden rázgovor]

45. Le téléphone portable

portable (m)	мобилен телефон (м)	[mobílen telefón]
écran (m)	дисплей (м)	[displéj]
bouton (m)	бутон (м)	[butón]
carte SIM (f)	SIM-карта (ж)	[sim-kárta]

pile (f)	батерия (ж)	[batérija]
être déchargé	изтощавам	[iztoʃtávam]
chargeur (m)	зареждащо устройство (c)	[zaréӡdaʃto ustrójstvo]

menu (m)	меню (c)	[meniú]
réglages (m pl)	настройки (ж мн)	[nastrójki]
mélodie (f)	мелодия (ж)	[melódija]
sélectionner (vt)	избера	[izberá]

| calculatrice (f) | калкулатор (м) | [kalkulátor] |

répondeur (m)	телефонен секретар (м)	[telefónen sekretár]
réveil (m)	будилник (м)	[budílnik]
contacts (m pl)	телефонен справочник (м)	[telefónen spravótʃnik]

| SMS (m) | SMS съобщение (с) | [esemés səobʃténie] |
| abonné (m) | абонат (м) | [abonát] |

46. La papeterie

| stylo (m) à bille | химикалка (ж) | [himikálka] |
| stylo (m) à plume | перодръжка (ж) | [perodréʒka] |

crayon (m)	молив (м)	[móliv]
marqueur (m)	маркер (м)	[márker]
feutre (m)	флумастер (м)	[flumáster]

| bloc-notes (m) | тефтер (м) | [teftér] |
| agenda (m) | ежедневник (м) | [eʒednévnik] |

règle (f)	линийка (ж)	[línijka]
calculatrice (f)	калкулатор (м)	[kalkulátor]
gomme (f)	гума (ж)	[gúma]
punaise (f)	кабърче (с)	[kábərtʃe]
trombone (m)	кламер (м)	[klámer]

colle (f)	лепило (с)	[lepílo]
agrafeuse (f)	телбод (м)	[telbót]
perforateur (m)	перфоратор (м)	[perforátor]
taille-crayon (m)	острилка (ж)	[ostrílka]

47. Les langues étrangères

langue (f)	език (м)	[ezík]
étranger (adj)	чужд	[tʃuʒd]
langue (f) étrangère	чужд език (м)	[tʃuʒd ezík]
étudier (vt)	изучавам	[izutʃávam]
apprendre (~ l'arabe)	уча	[útʃa]

lire (vi, vt)	чета	[tʃeta]
parler (vi, vt)	говоря	[govórʲa]
comprendre (vt)	разбирам	[razbíram]
écrire (vt)	пиша	[píʃa]

vite (adv)	бързо	[bérzo]
lentement (adv)	бавно	[bávno]
couramment (adv)	свободно	[svobódno]
règles (f pl)	правила (с мн)	[pravilá]

grammaire (f)	**граматика** (ж)	[gramátika]
vocabulaire (m)	**лексика** (ж)	[léksika]
phonétique (f)	**фонетика** (ж)	[fonétika]
manuel (m)	**учебник** (м)	[utʃébnik]
dictionnaire (m)	**речник** (м)	[rétʃnik]
manuel (m) autodidacte	**самоучител** (м)	[samoutʃítel]
guide (m) de conversation	**разговорник** (м)	[razgovórnik]
cassette (f)	**касета** (ж)	[kaséta]
cassette (f) vidéo	**видеокасета** (ж)	[video·kaséta]
CD (m)	**CD диск** (м)	[sidí disk]
DVD (m)	**DVD** (м)	[dividí]
alphabet (m)	**алфавит** (м)	[alfavít]
épeler (vt)	**спелувам**	[spelúvam]
prononciation (f)	**произношение** (с)	[proiznoʃénie]
accent (m)	**акцент** (м)	[aktsént]
avec un accent	**с акцент**	[s aktsént]
sans accent	**без акцент**	[bez aktsént]
mot (m)	**дума** (ж)	[dúma]
sens (m)	**смисъл** (м)	[smísəl]
cours (m pl)	**курсове** (м мн)	[kúrsove]
s'inscrire (vp)	**запиша се**	[zapíʃa se]
professeur (m) (~ d'anglais)	**преподавател** (м)	[prepodavátel]
traduction (f) (action)	**превод** (м)	[prévot]
traduction (f) (texte)	**превод** (м)	[prévot]
traducteur (m)	**преводач** (м)	[prevodátʃ]
interprète (m)	**преводач** (м)	[prevodátʃ]
polyglotte (m)	**полиглот** (м)	[poliglót]
mémoire (f)	**памет** (ж)	[pámet]

LES REPAS.
LE RESTAURANT

T&P Books Publishing

48. Le dressage de la table

cuillère (f)	лъжица (ж)	[ləʒítsa]
couteau (m)	нож (м)	[noʒ]
fourchette (f)	вилица (ж)	[vílitsa]
tasse (f)	чаша (ж)	[tʃáʃa]
assiette (f)	чиния (ж)	[tʃiníja]
soucoupe (f)	чинийка (ж)	[tʃiníʃka]
serviette (f)	салфетка (ж)	[salfétka]
cure-dent (m)	клечка (ж) за зъби	[klétʃka za zébi]

49. Le restaurant

restaurant (m)	ресторант (м)	[restoránt]
salon (m) de café	кафене (с)	[kafené]
bar (m)	бар (м)	[bar]
salon (m) de thé	чаен салон (м)	[tʃáen salón]
serveur (m)	сервитьор (м)	[servitʲór]
serveuse (f)	сервитьорка (ж)	[servitʲórka]
barman (m)	барман (м)	[bárman]
carte (f)	меню (с)	[menʲú]
carte (f) des vins	карта (ж) на виното	[kárta na vínoto]
réserver une table	резервирам масичка	[rezervíram másitʃka]
plat (m)	ядене (с)	[jádene]
commander (vt)	поръчам	[porétʃam]
faire la commande	правя поръчка	[právʲa porétʃka]
apéritif (m)	аперитив (м)	[aperitív]
hors-d'œuvre (m)	мезе (с)	[mezé]
dessert (m)	десерт (м)	[desért]
addition (f)	сметка (ж)	[smétka]
régler l'addition	плащам сметка	[pláʃtam smétka]
rendre la monnaie	връщам ресто	[vréʃtam résto]
pourboire (m)	бакшиш (м)	[bakʃíʃ]

50. Les repas

nourriture (f)	храна (ж)	[hraná]
manger (vi, vt)	ям	[jam]

petit déjeuner (m)	закуска (ж)	[zakúska]
prendre le petit déjeuner	закусвам	[zakúsvam]
déjeuner (m)	обяд (м)	[obʲát]
déjeuner (vi)	обядвам	[obʲádvam]
dîner (m)	вечеря (ж)	[vetʃérʲa]
dîner (vi)	вечерям	[vetʃérʲam]

| appétit (m) | апетит (м) | [apetít] |
| Bon appétit! | Добър апетит! | [dobér apetít] |

ouvrir (vt)	отварям	[otvárʲam]
renverser (liquide)	излея	[izléja]
se renverser (liquide)	излея се	[izléja se]

bouillir (vi)	вря	[vrʲa]
faire bouillir	варя до кипване	[varʲá do kípvane]
bouilli (l'eau ~e)	преварен	[prevarén]
refroidir (vt)	охладя	[ohladʲá]
se refroidir (vp)	изстудявам се	[isstudʲávam se]

| goût (m) | вкус (м) | [fkus] |
| arrière-goût (m) | привкус (м) | [prífkus] |

suivre un régime	отслабвам	[otslábvam]
régime (m)	диета (ж)	[diéta]
vitamine (f)	витамин (м)	[vitamín]
calorie (f)	калория (ж)	[kalórija]
végétarien (m)	вегетарианец (м)	[vegetariánets]
végétarien (adj)	вегетариански	[vegetariánski]

lipides (m pl)	мазнини (ж мн)	[mazniní]
protéines (f pl)	белтъчини (ж мн)	[beltetʃiní]
glucides (m pl)	въглехидрати (м мн)	[veglehidráti]
tranche (f)	резенче (с)	[rézentʃe]
morceau (m)	парче (с)	[partʃé]
miette (f)	троха (ж)	[trohá]

51. Les plats cuisinés

plat (m)	ястие (с)	[jástie]
cuisine (f)	кухня (ж)	[kúhnʲa]
recette (f)	рецепта (ж)	[retsépta]
portion (f)	порция (ж)	[pórtsija]

| salade (f) | салата (ж) | [saláta] |
| soupe (f) | супа (ж) | [súpa] |

bouillon (m)	бульон (м)	[buljón]
sandwich (m)	сандвич (м)	[sándvitʃ]
les œufs brouillés	пържени яйца (с мн)	[pérʒeni jajtsá]

| hamburger (m) | хамбургер (м) | [hámburger] |
| steak (m) | бифтек (м) | [bifték] |

garniture (f)	гарнитура (ж)	[garnitúra]
spaghettis (m pl)	спагети (мн)	[spagéti]
purée (f)	картофено пюре (с)	[kartófeno pʲuré]
pizza (f)	пица (ж)	[pítsa]
bouillie (f)	каша (ж)	[káʃa]
omelette (f)	омлет (м)	[omlét]

cuit à l'eau (adj)	варен	[varén]
fumé (adj)	пушен	[púʃen]
frit (adj)	пържен	[pérʒen]
sec (adj)	сушен	[suʃén]
congelé (adj)	замразен	[zamrazén]
mariné (adj)	маринован	[marinóvan]

sucré (adj)	сладък	[sládək]
salé (adj)	солен	[solén]
froid (adj)	студен	[studén]
chaud (adj)	горещ	[goréʃt]
amer (adj)	горчив	[gortʃív]
bon (savoureux)	вкусен	[fkúsen]

cuire à l'eau	готвя	[gótvʲa]
préparer (le dîner)	готвя	[gótvʲa]
faire frire	пържа	[pérʒa]
réchauffer (vt)	затоплям	[zatóplʲam]

saler (vt)	соля	[solʲá]
poivrer (vt)	слагам пипер	[slágam pipér]
râper (vt)	стъргам	[stérgam]
peau (f)	кожа (ж)	[kóʒa]
éplucher (vt)	беля	[bélʲa]

52. Les aliments

viande (f)	месо (с)	[mesó]
poulet (m)	кокошка (ж)	[kokóʃka]
poulet (m) (poussin)	пиле (с)	[píle]
canard (m)	патица (ж)	[pátitsa]
oie (f)	гъска (ж)	[géska]
gibier (m)	дивеч (ж)	[dívetʃ]
dinde (f)	пуйка (ж)	[pújka]

du porc	свинско (с)	[svínsko]
du veau	телешко месо (с)	[téleʃko mesó]
du mouton	агнешко (с)	[ágneʃko]
du bœuf	говеждо (с)	[govéʒdo]
lapin (m)	питомен заек (м)	[pítomen záek]

saucisson (m)	салам (м)	[salám]
saucisse (f)	кренвирш (м)	[krénvirʃ]
bacon (m)	бекон (м)	[bekón]
jambon (m)	шунка (ж)	[ʃúnka]
cuisse (f)	бут (м)	[but]
pâté (m)	пастет (м)	[pastét]
foie (m)	черен дроб (м)	[tʃéren drop]
farce (f)	кайма (ж)	[kajmá]
langue (f)	език (м)	[ezík]
œuf (m)	яйце (с)	[jajtsé]
les œufs	яйца (с мн)	[jajtsá]
blanc (m) d'œuf	белтък (м)	[beltők]
jaune (m) d'œuf	жълтък (м)	[ʒəltők]
poisson (m)	риба (ж)	[ríba]
fruits (m pl) de mer	морски продукти (м мн)	[mórski prodúkti]
caviar (m)	хайвер (м)	[hajvér]
crabe (m)	морски рак (м)	[mórski rak]
crevette (f)	скарида (ж)	[skarída]
huître (f)	стрида (ж)	[strída]
langoustine (f)	лангуста (ж)	[langústa]
poulpe (m)	октопод (м)	[oktopót]
calamar (m)	калмар (м)	[kalmár]
esturgeon (m)	есетра (ж)	[esétra]
saumon (m)	сьомга (ж)	[sʲómga]
flétan (m)	палтус (м)	[páltus]
morue (f)	треска (ж)	[tréska]
maquereau (m)	скумрия (ж)	[skumríja]
thon (m)	риба тон (м)	[ríba ton]
anguille (f)	змиорка (ж)	[zmiórka]
truite (f)	пъстърва (ж)	[pəstőrva]
sardine (f)	сардина (ж)	[sardína]
brochet (m)	щука (ж)	[ʃtúka]
hareng (m)	селда (ж)	[sélda]
pain (m)	хляб (м)	[hlʲap]
fromage (m)	кашкавал (м)	[kaʃkavál]
sucre (m)	захар (ж)	[záhar]
sel (m)	сол (ж)	[sol]
riz (m)	ориз (м)	[oríz]
pâtes (m pl)	макарони (мн)	[makaróni]
nouilles (f pl)	юфка (ж)	[jufká]
beurre (m)	краве масло (с)	[kráve masló]
huile (f) végétale	олио (с)	[ólio]

huile (f) de tournesol	слънчогледово масло (c)	[sləntʃoglédovo máslo]
margarine (f)	маргарин (м)	[margarín]
olives (f pl)	маслини (ж мн)	[maslíni]
huile (f) d'olive	зехтин (м)	[zehtín]
lait (m)	мляко (c)	[mlʲáko]
lait (m) condensé	сгъстено мляко (c)	[sgəsténo mlʲáko]
yogourt (m)	йогурт (м)	[jógurt]
crème (f) aigre	сметана (ж)	[smetána]
crème (f) (de lait)	каймак (м)	[kajmák]
sauce (f) mayonnaise	майонеза (ж)	[majonéza]
crème (f) au beurre	крем (м)	[krem]
gruau (m)	грис, булгур (м)	[gris], [bulgúr]
farine (f)	брашно (c)	[braʃnó]
conserves (f pl)	консерви (ж мн)	[konsérvi]
pétales (m pl) de maïs	царевичен флейкс (м)	[tsárevitʃen flejks]
miel (m)	мед (м)	[met]
confiture (f)	конфитюр (м)	[konfitʲúr]
gomme (f) à mâcher	дъвка (ж)	[défka]

53. Les boissons

eau (f)	вода (ж)	[vodá]
eau (f) potable	питейна вода (ж)	[pitéjna vodá]
eau (f) minérale	минерална вода (ж)	[minerálna vodá]
plate (adj)	негазирана	[negazíran]
gazeuse (l'eau ~)	газирана	[gazíran]
pétillante (adj)	газирана	[gazíran]
glace (f)	лед (м)	[let]
avec de la glace	с лед	[s let]
sans alcool	безалкохолен	[bezalkohólen]
boisson (f) non alcoolisée	безалкохолна напитка (ж)	[bezalkohólna napítka]
rafraîchissement (m)	разхладителна напитка (ж)	[rashladítelna napítka]
limonade (f)	лимонада (ж)	[limonáda]
boissons (f pl) alcoolisées	спиртни напитки (ж мн)	[spírtni napítki]
vin (m)	вино (c)	[víno]
vin (m) blanc	бяло вино (c)	[bʲálo víno]
vin (m) rouge	червено вино (c)	[tʃervéno víno]
liqueur (f)	ликьор (м)	[likʲór]
champagne (m)	шампанско (c)	[ʃampánsko]

vermouth (m)	вермут (м)	[vermút]
whisky (m)	уиски (с)	[wíski]
vodka (f)	водка (ж)	[vótka]
gin (m)	джин (м)	[dʒin]
cognac (m)	коняк (м)	[konʲák]
rhum (m)	ром (м)	[rom]

café (m)	кафе (с)	[kafé]
café (m) noir	черно кафе (с)	[tʃérno kafé]
café (m) au lait	кафе (с) с мляко	[kafé s mlʲáko]
cappuccino (m)	кафе (с) със сметана	[kafé səs smetána]
café (m) soluble	разтворимо кафе (с)	[rastvorímo kafé]

lait (m)	мляко (с)	[mlʲáko]
cocktail (m)	коктейл (м)	[koktéjl]
cocktail (m) au lait	млечен коктейл (м)	[mlétʃen koktéjl]

jus (m)	сок (м)	[sok]
jus (m) de tomate	доматен сок (м)	[domáten sok]
jus (m) d'orange	портокалов сок (м)	[portokálov sok]
jus (m) pressé	фреш (м)	[freʃ]

bière (f)	бира (ж)	[bíra]
bière (f) blonde	светла бира (ж)	[svétla bíra]
bière (f) brune	тъмна бира (ж)	[témna bíra]

thé (m)	чай (м)	[tʃaj]
thé (m) noir	черен чай (м)	[tʃéren tʃaj]
thé (m) vert	зелен чай (м)	[zelén tʃaj]

54. Les légumes

| légumes (m pl) | зеленчуци (м мн) | [zelentʃútsi] |
| verdure (f) | зарзават (м) | [zarzavát] |

tomate (f)	домат (м)	[domát]
concombre (m)	краставица (ж)	[krástavitsa]
carotte (f)	морков (м)	[mórkof]
pomme (f) de terre	картофи (мн)	[kartófi]
oignon (m)	лук (м)	[luk]
ail (m)	чесън (м)	[tʃésən]

chou (m)	зеле (с)	[zéle]
chou-fleur (m)	карфиол (м)	[karfiól]
chou (m) de Bruxelles	брюкселско зеле (с)	[brʲúkselsko zéle]
brocoli (m)	броколи (с)	[brókoli]

betterave (f)	цвекло (с)	[tsvekló]
aubergine (f)	патладжан (м)	[patladʒán]
courgette (f)	тиквичка (ж)	[tíkvitʃka]

| potiron (m) | тиква (ж) | [tíkva] |
| navet (m) | ряпа (ж) | [rʲápa] |

persil (m)	магданоз (м)	[magdanóz]
fenouil (m)	копър (м)	[kópər]
laitue (f) (salade)	салата (ж)	[saláta]
céleri (m)	целина (ж)	[tsélina]
asperge (f)	аспержа (ж)	[aspérʒa]
épinard (m)	спанак (м)	[spanák]

pois (m)	грах (м)	[grah]
fèves (f pl)	боб (м)	[bop]
maïs (m)	царевица (ж)	[tsárevitsa]
haricot (m)	фасул (м)	[fasúl]

poivron (m)	пипер (м)	[pipér]
radis (m)	репичка (ж)	[répitʃka]
artichaut (m)	ангинар (м)	[anginár]

55. Les fruits. Les noix

fruit (m)	плод (м)	[plot]
pomme (f)	ябълка (ж)	[jábəlka]
poire (f)	круша (ж)	[krúʃa]
citron (m)	лимон (м)	[limón]
orange (f)	портокал (м)	[portokál]
fraise (f)	ягода (ж)	[jágoda]

mandarine (f)	мандарина (ж)	[mandarína]
prune (f)	слива (ж)	[slíva]
pêche (f)	праскова (ж)	[práskova]
abricot (m)	кайсия (ж)	[kajsíja]
framboise (f)	малина (ж)	[malína]
ananas (m)	ананас (м)	[ananás]

banane (f)	банан (м)	[banán]
pastèque (f)	диня (ж)	[dínʲa]
raisin (m)	грозде (с)	[grózde]
cerise (f)	вишна (ж)	[víʃna]
merise (f)	череша (ж)	[tʃeréʃa]
melon (m)	пъпеш (м)	[pépeʃ]

pamplemousse (m)	грейпфрут (м)	[gréjpfrut]
avocat (m)	авокадо (с)	[avokádo]
papaye (f)	папая (ж)	[papája]

mangue (f)	манго (с)	[mángo]
grenade (f)	нар (м)	[nar]
groseille (f) rouge	червено френско грозде (с)	[tʃervéno frénsko grózde]

cassis (m)	черно френско грозде (с)	[ʧérno frénsko grózde]
groseille (f) verte	цариградско грозде (с)	[tsarigrátsko grózde]
myrtille (f)	боровинки (ж мн)	[borovínki]
mûre (f)	къпина (ж)	[kəpína]
raisin (m) sec	стафиди (ж мн)	[stafídi]
figue (f)	смокиня (ж)	[smokínʲa]
datte (f)	фурма (ж)	[furmá]
cacahuète (f)	фъстък (м)	[fəsték]
amande (f)	бадем (м)	[badém]
noix (f)	орех (м)	[óreh]
noisette (f)	лешник (м)	[léʃnik]
noix (f) de coco	кокосов орех (м)	[kokósov óreh]
pistaches (f pl)	шамфъстъци (м мн)	[ʃamfəstétsi]

56. Le pain. Les confiseries

confiserie (f)	сладкарски изделия (с мн)	[slatkárski izdélija]
pain (m)	хляб (м)	[hlʲap]
biscuit (m)	бисквити (ж мн)	[biskvíti]
chocolat (m)	шоколад (м)	[ʃokolát]
en chocolat (adj)	шоколадов	[ʃokoládov]
bonbon (m)	бонбон (м)	[bonbón]
gâteau (m), pâtisserie (f)	паста (ж)	[pásta]
tarte (f)	торта (ж)	[tórta]
gâteau (m)	пирог (м)	[pirók]
garniture (f)	плънка (ж)	[plénka]
confiture (f)	сладко (с)	[slátko]
marmelade (f)	мармалад (м)	[marmalát]
gaufre (f)	вафли (ж мн)	[váfli]
glace (f)	сладолед (м)	[sladolét]

57. Les épices

sel (m)	сол (ж)	[sol]
salé (adj)	солен	[solén]
saler (vt)	соля	[solʲá]
poivre (m) noir	черен пипер (м)	[ʧéren pipér]
poivre (m) rouge	червен пипер (м)	[ʧervén pipér]
moutarde (f)	горчица (ж)	[gorʧítsa]
raifort (m)	хрян (м)	[hrʲan]

condiment (m)	подправка (ж)	[podpráfka]
épice (f)	подправка (ж)	[podpráfka]
sauce (f)	сос (м)	[sos]
vinaigre (m)	оцет (м)	[otsét]

anis (m)	анасон (м)	[anasón]
basilic (m)	босилек (м)	[bosílek]
clou (m) de girofle	карамфил (м)	[karamfíl]
gingembre (m)	джинджифил (м)	[dʒindʒifíl]
coriandre (m)	кориандър (м)	[koriándər]
cannelle (f)	канела (ж)	[kanéla]

sésame (m)	сусам (м)	[susám]
feuille (f) de laurier	дафинов лист (м)	[dafínov list]
paprika (m)	червен пипер (м)	[ʧervén pipér]
cumin (m)	черен тмин (м)	[ʧéren tmin]
safran (m)	шафран (м)	[ʃafrán]

LES DONNÉES PERSONNELLES. LA FAMILLE

T&P Books Publishing

58. Les données personnelles. Les formulaires

prénom (m)	име (c)	[íme]
nom (m) de famille	фамилия (ж)	[famílija]
date (f) de naissance	дата (ж) на раждане	[dáta na ráӡdane]
lieu (m) de naissance	място (c) на раждане	[mʲásto na ráӡdane]
nationalité (f)	националност (ж)	[natsionálnost]
domicile (m)	местожителство (c)	[mestoӡítelstvo]
pays (m)	страна (ж)	[straná]
profession (f)	професия (ж)	[profésija]
sexe (m)	пол (м)	[pol]
taille (f)	ръст (м)	[rəst]
poids (m)	тегло (c)	[tegló]

59. La famille. Les liens de parenté

mère (f)	майка (ж)	[májka]
père (m)	баща (м)	[baʃtá]
fils (m)	син (м)	[sin]
fille (f)	дъщеря (ж)	[dəʃterʲá]
fille (f) cadette	по-малка дъщеря (ж)	[po-málka dəʃterʲá]
fils (m) cadet	по-малък син (м)	[po-málək sin]
fille (f) aînée	по-голяма дъщеря (ж)	[po-golʲáma dəʃterʲá]
fils (m) aîné	по-голям син (м)	[po-golʲám sin]
frère (m)	брат (м)	[brat]
sœur (f)	сестра (ж)	[sestrá]
cousin (m)	братовчед (м)	[bratovtʃét]
cousine (f)	братовчедка (ж)	[bratovtʃétka]
maman (f)	мама (ж)	[máma]
papa (m)	татко (м)	[tátko]
parents (m pl)	родители (м мн)	[rodíteli]
enfant (m, f)	дете (c)	[deté]
enfants (pl)	деца (c мн)	[detsá]
grand-mère (f)	баба (ж)	[bába]
grand-père (m)	дядо (м)	[dʲádo]
petit-fils (m)	внук (м)	[vnuk]
petite-fille (f)	внучка (ж)	[vnútʃka]
petits-enfants (pl)	внуци (м мн)	[vnútsi]

oncle (m)	вуйчо (м)	[vújʧo]
tante (f)	леля (ж)	[lélʲa]
neveu (m)	племенник (м)	[plémennik]
nièce (f)	племенница (ж)	[plémennitsa]

belle-mère (f)	тъща (ж)	[téʃta]
beau-père (m)	свекър (м)	[svékər]
gendre (m)	зет (м)	[zet]
belle-mère (f)	мащеха (ж)	[máʃteha]
beau-père (m)	пастрок (м)	[pástrok]

nourrisson (m)	кърмаче (с)	[kərmáʧe]
bébé (m)	бебе (с)	[bébe]
petit (m)	момченце (с)	[momʧéntse]

femme (f)	жена (ж)	[ʒená]
mari (m)	мъж (м)	[məʒ]
époux (m)	съпруг (м)	[səprúk]
épouse (f)	съпруга (ж)	[səprúga]

marié (adj)	женен	[ʒénen]
mariée (adj)	омъжена	[oméʒena]
célibataire (adj)	неженен	[neʒénen]
célibataire (m)	ерген (м)	[ergén]
divorcé (adj)	разведен	[razvéden]
veuve (f)	вдовица (ж)	[vdovítsa]
veuf (m)	вдовец (м)	[vdovéts]

parent (m)	роднина (м, ж)	[rodnína]
parent (m) proche	близък роднина (м)	[blízək rodnína]
parent (m) éloigné	далечен роднина (м)	[daléʧen rodnína]
parents (m pl)	роднини (мн)	[rodníni]

orphelin (m), orpheline (f)	сирак (м)	[sirák]
tuteur (m)	опекун (м)	[opekún]
adopter (un garçon)	осиновявам	[osinovʲávam]
adopter (une fille)	осиновявам момиче	[osinovʲávam momíʧe]

60. Les amis. Les collègues

ami (m)	приятел (м)	[prijátel]
amie (f)	приятелка (ж)	[prijátelka]
amitié (f)	приятелство (с)	[prijátelstvo]
être ami	дружа	[druʒá]

copain (m)	приятел (м)	[prijátel]
copine (f)	приятелка (ж)	[prijátelka]
partenaire (m)	партньор (м)	[partnʲór]
chef (m)	шеф (м)	[ʃef]
supérieur (m)	началник (м)	[naʧálnik]

subordonné (m)	**подчинен** (м)	[podtʃinén]
collègue (m, f)	**колега** (м, ж)	[koléga]
connaissance (f)	**познат** (м)	[poznát]
compagnon (m) de route	**спътник** (м)	[spǝ́tnik]
copain (m) de classe	**съученик** (м)	[sǝutʃeník]
voisin (m)	**съсед** (м)	[sǝsét]
voisine (f)	**съседка** (ж)	[sǝsétka]
voisins (m pl)	**съседи** (м мн)	[sǝsédi]

LE CORPS HUMAIN.
LES MÉDICAMENTS

T&P Books Publishing

tête (f)	глава (ж)	[glavá]
visage (m)	лице (c)	[litsé]
nez (m)	нос (м)	[nos]
bouche (f)	уста (ж)	[ustá]
œil (m)	око (c)	[okó]
les yeux	очи (с мн)	[otʃí]
pupille (f)	зеница (ж)	[zénitsa]
sourcil (m)	вежда (ж)	[véʒda]
cil (m)	мигла (ж)	[mígla]
paupière (f)	клепач (м)	[klepátʃ]
langue (f)	език (м)	[ezík]
dent (f)	зъб (м)	[zəp]
lèvres (f pl)	устни (ж мн)	[ústni]
pommettes (f pl)	скули (ж мн)	[skúli]
gencive (f)	венец (м)	[venéts]
palais (m)	небце (c)	[nebtsé]
narines (f pl)	ноздри (ж мн)	[nózdri]
menton (m)	брадичка (ж)	[bradítʃka]
mâchoire (f)	челюст (ж)	[tʃélʲust]
joue (f)	буза (ж)	[búza]
front (m)	чело (c)	[tʃeló]
tempe (f)	слепоочие (c)	[slepoótʃie]
oreille (f)	ухо (c)	[uhó]
nuque (f)	тил (м)	[til]
cou (m)	шия (ж)	[ʃíja]
gorge (f)	гърло (c)	[gə́rlo]
cheveux (m pl)	коса (ж)	[kosá]
coiffure (f)	прическа (ж)	[pritʃéska]
coupe (f)	подстригване (c)	[potstrígvane]
perruque (f)	перука (ж)	[perúka]
moustache (f)	мустаци (м мн)	[mustátsi]
barbe (f)	брада (ж)	[bradá]
porter (~ la barbe)	нося	[nósʲa]
tresse (f)	коса (ж)	[kosá]
favoris (m pl)	бакенбарди (мн)	[bakenbárdi]
roux (adj)	червенокос	[tʃervenokós]
gris, grisonnant (adj)	беловлас	[belovlás]

| chauve (adj) | плешив | [pleʃív] |
| calvitie (f) | плешивина (ж) | [pleʃiviná] |

| queue (f) de cheval | опашка (ж) | [opáʃka] |
| frange (f) | бретон (м) | [bretón] |

62. Le corps humain

| main (f) | китка (ж) | [kítka] |
| bras (m) | ръка (ж) | [rəká] |

doigt (m)	пръст (м)	[prəst]
orteil (m)	пръст (м) на крак	[prəst na krak]
pouce (m)	палец (м)	[pálets]
petit doigt (m)	кутре (с)	[kutré]
ongle (m)	нокът (м)	[nókət]

poing (m)	юмрук (м)	[jumrúk]
paume (f)	длан (ж)	[dlan]
poignet (m)	китка (ж)	[kítka]
avant-bras (m)	предмишница (ж)	[predmíʃnitsa]
coude (m)	лакът (м)	[lákət]
épaule (f)	рамо (с)	[rámo]

jambe (f)	крак (м)	[krak]
pied (m)	ходило (с)	[hodílo]
genou (m)	коляно (с)	[kolʲáno]
mollet (m)	прасец (м)	[praséts]

| hanche (f) | бедро (с) | [bedró] |
| talon (m) | пета (ж) | [petá] |

corps (m)	тяло (с)	[tʲálo]
ventre (m)	корем (м)	[korém]
poitrine (f)	гръд (ж)	[grəd]
sein (m)	женска гръд (ж)	[ʒénska grəd]
côté (m)	страна (ж)	[straná]
dos (m)	гръб (м)	[grəp]

| reins (région lombaire) | кръст (м) | [krəst] |
| taille (f) (~ de guêpe) | талия (ж) | [tálija] |

nombril (m)	пъп (м)	[pəp]
fesses (f pl)	седалище (с)	[sedáliʃte]
derrière (m)	задник (м)	[zádnik]

grain (m) de beauté	бенка (ж)	[bénka]
tache (f) de vin	родилно петно (с)	[rodílno petnó]
tatouage (m)	татуировка (ж)	[tatuirófka]
cicatrice (f)	белег (м)	[bélek]

63. Les maladies

maladie (f)	болест (ж)	[bólest]
être malade	боледувам	[boledúvam]
santé (f)	здраве (с)	[zdráve]
rhume (m) (coryza)	хрема (ж)	[hréma]
angine (f)	ангина (ж)	[angína]
refroidissement (m)	настинка (ж)	[nastínka]
prendre froid	настина	[nastína]
bronchite (f)	бронхит (м)	[bronhít]
pneumonie (f)	пневмония (ж)	[pnevmoníja]
grippe (f)	грип (м)	[grip]
myope (adj)	късоглед	[kəsoglét]
presbyte (adj)	далекоглед	[dalekoglét]
strabisme (m)	кривогледство (с)	[krivoglétstvo]
strabique (adj)	кривоглед	[krivoglét]
cataracte (f)	катаракта (ж)	[katarákta]
glaucome (m)	глаукома (ж)	[glaukóma]
insulte (f)	инсулт (м)	[insúlt]
crise (f) cardiaque	инфаркт (м)	[infárkt]
infarctus (m) de myocarde	инфаркт (м) на миокарда	[infárkt na miokárda]
paralysie (f)	парализа (ж)	[paráliza]
paralyser (vt)	парализирам	[paralizíram]
allergie (f)	алергия (ж)	[alérgija]
asthme (m)	астма (ж)	[ástma]
diabète (m)	диабет (м)	[diabét]
mal (m) de dents	зъбобол (м)	[zəboból]
carie (f)	кариес (м)	[káries]
diarrhée (f)	диария (ж)	[diárija]
constipation (f)	запек (м)	[zápek]
estomac (m) barbouillé	разстройство (с) на стомаха	[rastrójstvo na stomáha]
intoxication (f) alimentaire	отравяне (с)	[otrávʲane]
être intoxiqué	отровя се	[otróvʲa se]
arthrite (f)	артрит (м)	[artrít]
rachitisme (m)	рахит (м)	[rahít]
rhumatisme (m)	ревматизъм (м)	[revmatízəm]
athérosclérose (f)	атеросклероза (ж)	[ateroskleróza]
gastrite (f)	гастрит (м)	[gastrít]
appendicite (f)	апандисит (м)	[apandisít]
cholécystite (f)	холецистит (м)	[holetsistít]

ulcère (m)	язва (ж)	[jázva]
rougeole (f)	дребна шарка (ж)	[drébna ʃárka]
rubéole (f)	шарка (ж)	[ʃárka]
jaunisse (f)	жълтеница (ж)	[ʒəltenítsa]
hépatite (f)	хепатит (м)	[hepatít]
schizophrénie (f)	шизофрения (ж)	[ʃizofreníja]
rage (f) (hydrophobie)	бяс (м)	[bʲas]
névrose (f)	невроза (ж)	[nevróza]
commotion (f) cérébrale	сътресение (c) на мозъка	[sətresénie na mózəka]
cancer (m)	рак (м)	[rak]
sclérose (f)	склероза (ж)	[skleróza]
sclérose (f) en plaques	множествена склероза (ж)	[mnóʒestvena skleróza]
alcoolisme (m)	алкохолизъм (м)	[alkoholízəm]
alcoolique (m)	алкохолик (м)	[alkoholík]
syphilis (f)	сифилис (м)	[sífilis]
SIDA (m)	СПИН (м)	[spin]
tumeur (f)	тумор (м)	[túmor]
maligne (adj)	злокачествен	[zlokátʃestven]
bénigne (adj)	доброкачествен	[dobrokátʃestven]
fièvre (f)	треска (ж)	[tréska]
malaria (f)	малария (ж)	[malárija]
gangrène (f)	гангрена (ж)	[gangréna]
mal (m) de mer	морска болест (ж)	[mórska bólest]
épilepsie (f)	епилепсия (ж)	[epilépsija]
épidémie (f)	епидемия (ж)	[epidémija]
typhus (m)	тиф (м)	[tif]
tuberculose (f)	туберкулоза (ж)	[tuberkulóza]
choléra (m)	холера (ж)	[holéra]
peste (f)	чума (ж)	[tʃúma]

64. Les symptômes. Le traitement. Partie 1

symptôme (m)	симптом (м)	[simptóm]
température (f)	температура (ж)	[temperatúra]
fièvre (f)	висока температура (ж)	[visóka temperatúra]
pouls (m)	пулс (м)	[puls]
vertige (m)	световъртеж (м)	[svetovərtéʃ]
chaud (adj)	горещ	[goréʃt]
frisson (m)	тръпки (ж мн)	[trəpki]
pâle (adj)	бледен	[bléden]
toux (f)	кашлица (ж)	[káʃlitsa]

tousser (vi)	кашлям	[káʃʲam]
éternuer (vi)	кихам	[kíham]
évanouissement (m)	припадък (м)	[pripádək]
s'évanouir (vp)	припадна	[pripádna]

bleu (m)	синина (ж)	[sininá]
bosse (f)	подутина (ж)	[podutiná]
se heurter (vp)	ударя се	[udárʲa se]
meurtrissure (f)	натъртване (c)	[natártvane]
se faire mal	ударя се	[udárʲa se]

boiter (vi)	куцам	[kútsam]
foulure (f)	изкълчване (c)	[iskálʧvane]
se démettre (l'épaule, etc.)	навехна	[navéhna]
fracture (f)	фрактура (ж)	[fraktúra]
avoir une fracture	счупя	[sʧúpʲa]

coupure (f)	порязване (c)	[porʲázvane]
se couper (~ le doigt)	порежа се	[poréʒa se]
hémorragie (f)	кръвотечение (c)	[krəvoteʧénie]

| brûlure (f) | изгаряне (c) | [izgárʲane] |
| se brûler (vp) | опаря се | [opárʲa se] |

se piquer (le doigt)	бодна	[bódna]
se piquer (vp)	убода се	[ubodá se]
blesser (vt)	нараня	[naranʲá]
blessure (f)	рана (ж)	[rána]
plaie (f) (blessure)	рана (ж)	[rána]
trauma (m)	травма (ж)	[trávma]

délirer (vi)	бълнувам	[bəlnúvam]
bégayer (vi)	заеквам	[zaékvam]
insolation (f)	слънчев удар (м)	[slénʧev údar]

65. Les symptômes. Le traitement. Partie 2

| douleur (f) | болка (ж) | [bólka] |
| écharde (f) | трънче (c) | [trénʧe] |

sueur (f)	пот (ж)	[pot]
suer (vi)	потя се	[potʲá se]
vomissement (m)	повръщане (c)	[povréʃtane]
spasmes (m pl)	гърчове (м мн)	[gérʧove]

enceinte (adj)	бременна	[brémenna]
naître (vi)	родя се	[rodʲá se]
accouchement (m)	раждане (c)	[ráʒdane]
accoucher (vi)	раждам	[ráʒdam]
avortement (m)	аборт (м)	[abórt]

respiration (f)	дишане (c)	[díʃane]
inhalation (f)	вдишване (c)	[vdíʃvane]
expiration (f)	издишване (c)	[izdíʃvane]
expirer (vi)	издишам	[izdíʃam]
inspirer (vi)	направя вдишване	[naprávʲa vdíʃvane]

invalide (m)	инвалид (м)	[invalít]
handicapé (m)	сакат човек (м)	[sakát ʧovék]
drogué (m)	наркоман (м)	[narkomán]

sourd (adj)	глух	[gluh]
muet (adj)	ням	[nʲam]
sourd-muet (adj)	глухоням	[gluhonʲám]

fou (adj)	луд	[lut]
fou (m)	луд (м)	[lut]
folle (f)	луда (ж)	[lúda]
devenir fou	полудея	[poludéja]

gène (m)	ген (м)	[gen]
immunité (f)	имунитет (м)	[imunitét]
héréditaire (adj)	наследствен	[naslétstven]
congénital (adj)	вроден	[vrodén]

virus (m)	вирус (м)	[vírus]
microbe (m)	микроб (м)	[mikróp]
bactérie (f)	бактерия (ж)	[baktérija]
infection (f)	инфекция (ж)	[inféktsija]

66. Les symptômes. Le traitement. Partie 3

| hôpital (m) | болница (ж) | [bólnitsa] |
| patient (m) | пациент (м) | [patsiént] |

diagnostic (m)	диагноза (ж)	[diagnóza]
cure (f) (faire une ~)	лекуване (c)	[lekúvane]
traitement (m)	лекуване (c)	[lekúvane]
se faire soigner	лекувам се	[lekúvam se]
traiter (un patient)	лекувам	[lekúvam]
soigner (un malade)	грижа се	[gríʒa se]
soins (m pl)	грижа (ж)	[gríʒa]

opération (f)	операция (ж)	[operátsija]
panser (vt)	превържа	[prevérʒa]
pansement (m)	превързване (c)	[prevérzvane]

vaccination (f)	ваксиниране (c)	[vaksinírane]
vacciner (vt)	ваксинирам	[vaksiníram]
piqûre (f)	инжекция (ж)	[inʒéktsija]
faire une piqûre	инжектирам	[inʒektíram]

crise, attaque (f)	пристъп, припадък (м)	[prístəp], [pripadək]
amputation (f)	ампутация (ж)	[amputátsija]
amputer (vt)	ампутирам	[amputíram]
coma (m)	кома (ж)	[kóma]
être dans le coma	намирам се в кома	[namíram se v kóma]
réanimation (f)	реанимация (ж)	[reanimátsija]

se rétablir (vp)	оздравявам	[ozdravʲávam]
état (m) (de santé)	състояние (с)	[səstojánie]
conscience (f)	съзнание (с)	[səznánie]
mémoire (f)	памет (ж)	[pámet]

arracher (une dent)	вадя	[vádʲa]
plombage (m)	пломба (ж)	[plómba]
plomber (vt)	пломбирам	[plombíram]

| hypnose (f) | хипноза (ж) | [hipnóza] |
| hypnotiser (vt) | хипнотизирам | [hipnotizíram] |

67. Les médicaments. Les accessoires

médicament (m)	лекарство (с)	[lekárstvo]
remède (m)	средство (с)	[srétstvo]
prescrire (vt)	предпиша	[pretpíʃa]
ordonnance (f)	рецепта (ж)	[retsépta]

comprimé (m)	таблетка (ж)	[tablétka]
onguent (m)	мехлем (м)	[mehlém]
ampoule (f)	ампула (ж)	[ampúla]
mixture (f)	микстура (ж)	[mikstúra]
sirop (m)	сироп (м)	[siróp]
pilule (f)	хапче (с)	[háptʃe]
poudre (f)	прах (м)	[prah]

bande (f)	бинт (м)	[bint]
coton (m) (ouate)	памук (м)	[pamúk]
iode (m)	йод (м)	[jot]

sparadrap (m)	пластир (м)	[plastír]
compte-gouttes (m)	капкомер (м)	[kapkomér]
thermomètre (m)	термометър (м)	[termométər]
seringue (f)	спринцовка (ж)	[sprintsófka]

| fauteuil (m) roulant | инвалидна количка (ж) | [invalídna kolítʃka] |
| béquilles (f pl) | патерици (ж мн) | [páteritsi] |

anesthésique (m)	обезболяващо средство (с)	[obezbolʲávaʃto srétstvo]
purgatif (m)	очистително (с)	[otʃistítelno]
alcool (m)	спирт (м)	[spirt]

herbe (f) médicinale	билка (ж)	[bílka]
d'herbes (adj)	билков	[bílkov]

L'APPARTEMENT

68. L'appartement

appartement (m)	апартамент (м)	[apartamént]
chambre (f)	стая (ж)	[stája]
chambre (f) à coucher	спалня (ж)	[spálnʲa]
salle (f) à manger	столова (ж)	[stolová]
salon (m)	гостна (ж)	[góstna]
bureau (m)	кабинет (м)	[kabinét]
antichambre (f)	антре (c)	[antré]
salle (f) de bains	баня (ж)	[bánʲa]
toilettes (f pl)	тоалетна (ж)	[toalétna]
plafond (m)	таван (м)	[taván]
plancher (m)	под (м)	[pot]
coin (m)	ъгъл (м)	[ə́gəl]

69. Les meubles. L'intérieur

meubles (m pl)	мебели (мн)	[mébeli]
table (f)	маса (ж)	[mása]
chaise (f)	стол (м)	[stol]
lit (m)	легло (c)	[legló]
canapé (m)	диван (м)	[diván]
fauteuil (m)	фотьойл (м)	[fotʲójl]
bibliothèque (f) (meuble)	книжен шкаф (м)	[kníʒen ʃkaf]
rayon (m)	рафт (м)	[raft]
armoire (f)	гардероб (м)	[garderóp]
patère (f)	закачалка (ж)	[zakatʃálka]
portemanteau (m)	закачалка (ж)	[zakatʃálka]
commode (f)	скрин (м)	[skrin]
table (f) basse	малка масичка (ж)	[málka másitʃka]
miroir (m)	огледало (c)	[ogledálo]
tapis (m)	килим (м)	[kilím]
petit tapis (m)	килимче (c)	[kilímtʃe]
cheminée (f)	камина (ж)	[kamína]
bougie (f)	свещ (м)	[sveʃt]
chandelier (m)	свещник (м)	[svéʃtnik]
rideaux (m pl)	пердета (c мн)	[perdéta]

| papier (m) peint | тапети (м мн) | [tapéti] |
| jalousie (f) | щора (ж) | [ʃtóra] |

lampe (f) de table	лампа (ж) за маса	[lámpa za mása]
applique (f)	светилник (м)	[svetílnik]
lampadaire (m)	лампион (м)	[lampión]
lustre (m)	полилей (м)	[poliléj]

pied (m) (~ de la table)	крак (м)	[krak]
accoudoir (m)	подлакътник (м)	[podlákətnik]
dossier (m)	облегалка (ж)	[oblegálka]
tiroir (m)	чекмедже (с)	[tʃekmedʒé]

70. La literie

linge (m) de lit	спално бельо (с)	[spálno belʲó]
oreiller (m)	възглавница (ж)	[vəzglávnitsa]
taie (f) d'oreiller	калъфка (ж)	[kaléfka]
couverture (f)	одеяло (с)	[odejálo]
drap (m)	чаршаф (м)	[tʃarʃáf]
couvre-lit (m)	завивка (ж)	[zavífka]

71. La cuisine

cuisine (f)	кухня (ж)	[kúhnʲa]
gaz (m)	газ (м)	[gas]
cuisinière (f) à gaz	газова печка (ж)	[gázova pétʃka]
cuisinière (f) électrique	електрическа печка (ж)	[elektrítʃeska pétʃka]
four (m)	фурна (ж)	[fúrna]
four (m) micro-ondes	микровълнова печка (ж)	[mikrovélnova pétʃka]

réfrigérateur (m)	хладилник (м)	[hladílnik]
congélateur (m)	фризер (м)	[frízer]
lave-vaisselle (m)	съдомиялна машина (ж)	[sədomijálna maʃína]

hachoir (m) à viande	месомелачка (ж)	[meso·melátʃka]
centrifugeuse (f)	сокоизстисквачка (ж)	[soko·isstiskvátʃka]
grille-pain (m)	тостер (м)	[tóster]
batteur (m)	миксер (м)	[míkser]

machine (f) à café	кафеварка (ж)	[kafevárka]
cafetière (f)	кафеник (м)	[kafeník]
moulin (m) à café	кафемелачка (ж)	[kafe·melátʃka]

bouilloire (f)	чайник (м)	[tʃájnik]
théière (f)	чайник (м)	[tʃájnik]
couvercle (m)	капачка (ж)	[kapátʃka]
passoire (f) à thé	цедка (ж)	[tsétka]

cuillère (f)	лъжица (ж)	[ləʒítsa]
petite cuillère (f)	чаена лъжица (ж)	[tʃáena ləʒítsa]
cuillère (f) à soupe	супена лъжица (ж)	[súpena ləʒítsa]
fourchette (f)	вилица (ж)	[vílitsa]
couteau (m)	нож (м)	[noʒ]
vaisselle (f)	съдове (м мн)	[sédove]
assiette (f)	чиния (ж)	[tʃiníja]
soucoupe (f)	малка чинийка (ж)	[málka tʃiníjka]
verre (m) à shot	чашка (ж)	[tʃáʃka]
verre (m) (~ d'eau)	чаша (ж)	[tʃáʃa]
tasse (f)	чаша (ж)	[tʃáʃa]
sucrier (m)	захарница (ж)	[zaharnítsa]
salière (f)	солница (ж)	[solnítsa]
poivrière (f)	пиперница (ж)	[pipérnitsa]
beurrier (m)	съд (м) за краве масло	[sət za kráve masló]
casserole (f)	тенджера (ж)	[téndʒera]
poêle (f)	тиган (м)	[tigán]
louche (f)	черпак (м)	[tʃerpák]
passoire (f)	гевгир (м)	[gevgír]
plateau (m)	табла (ж)	[tábla]
bouteille (f)	бутилка (ж)	[butílka]
bocal (m) (à conserves)	буркан (м)	[burkán]
boîte (f) en fer-blanc	тенекия (ж)	[tenekíja]
ouvre-bouteille (m)	отварачка (ж)	[otvarátʃka]
ouvre-boîte (m)	отварачка (ж)	[otvarátʃka]
tire-bouchon (m)	тирбушон (м)	[tirbuʃón]
filtre (m)	филтър (м)	[fíltər]
filtrer (vt)	филтрирам	[filtríram]
ordures (f pl)	боклук (м)	[boklúk]
poubelle (f)	кофа (ж) за боклук	[kófa za boklúk]

72. La salle de bains

salle (f) de bains	баня (ж)	[bánʲa]
eau (f)	вода (ж)	[vodá]
robinet (m)	смесител (м)	[smesítel]
eau (f) chaude	топла вода (ж)	[tópla vodá]
eau (f) froide	студена вода (ж)	[studéna vodá]
dentifrice (m)	паста (ж) за зъби	[pásta za zébi]
se brosser les dents	мия си зъбите	[míja si zébite]
brosse (f) à dents	четка (ж) за зъби	[tʃétka za zébi]
se raser (vp)	бръсна се	[brésna se]

mousse (f) à raser	пяна (ж) за бръснене	[pʲána za brésnene]
rasoir (m)	бръснач (м)	[brəsnátʃ]
laver (vt)	мия	[míja]
se laver (vp)	мия се	[míja se]
douche (f)	душ (м)	[duʃ]
prendre une douche	вземам душ	[vzémam duʃ]
baignoire (f)	вана (ж)	[vána]
cuvette (f)	тоалетна чиния (ж)	[toalétna tʃiníja]
lavabo (m)	мивка (ж)	[mífka]
savon (m)	сапун (м)	[sapún]
porte-savon (m)	сапуниерка (ж)	[sapuniérka]
éponge (f)	гъба (ж)	[géba]
shampooing (m)	шампоан (м)	[ʃampoán]
serviette (f)	кърпа (ж)	[kérpa]
peignoir (m) de bain	хавлиен халат (м)	[havlíen halát]
lessive (f) (faire la ~)	пране (с)	[prané]
machine (f) à laver	перална машина (ж)	[perálna maʃína]
faire la lessive	пера	[perá]
lessive (f) (poudre)	прах (м) за пране	[prah za prané]

73. Les appareils électroménagers

téléviseur (m)	телевизор (м)	[televízor]
magnétophone (m)	касетофон (м)	[kasetofón]
magnétoscope (m)	видео (с)	[vídeo]
radio (f)	радиоприемник (м)	[radio·priémnik]
lecteur (m)	плейър (м)	[pléər]
vidéoprojecteur (m)	прожекционен апарат (м)	[proʒektsiónen aparát]
home cinéma (m)	домашно кино (с)	[domáʃno kíno]
lecteur DVD (m)	DVD плейър (м)	[dividí pléər]
amplificateur (m)	усилвател (м)	[usilvátel]
console (f) de jeux	игрова приставка (ж)	[igrová pristáfka]
caméscope (m)	видеокамера (ж)	[video·kámera]
appareil (m) photo	фотоапарат (м)	[fotoaparát]
appareil (m) photo numérique	цифров фотоапарат (м)	[tsífrov fotoaparát]
aspirateur (m)	прахосмукачка (ж)	[praho·smukátʃka]
fer (m) à repasser	ютия (ж)	[jutíja]
planche (f) à repasser	дъска (ж) за гладене	[dəská za gládene]
téléphone (m)	телефон (м)	[telefón]
portable (m)	мобилен телефон (м)	[mobílen telefón]

machine (f) à écrire	пишеща машинка (ж)	[píʃeʃta maʃínka]
machine (f) à coudre	шевна машина (ж)	[ʃévna maʃína]
micro (m)	микрофон (м)	[mikrofón]
écouteurs (m pl)	слушалки (ж мн)	[sluʃálki]
télécommande (f)	пулт (м)	[pult]
CD (m)	CD диск (м)	[sidí disk]
cassette (f)	касета (ж)	[kaséta]
disque (m) (vinyle)	плоча (ж)	[plótʃa]

LA TERRE. LE TEMPS

T&P Books Publishing

cosmos (m)	космос (м)	[kósmos]
cosmique (adj)	космически	[kosmítʃeski]
espace (m) cosmique	космическо пространство (с)	[kosmítʃesko prostránstvo]
monde (m)	свят (м)	[svʲat]
univers (m)	вселена (ж)	[fseléna]
galaxie (f)	галактика (ж)	[galáktika]
étoile (f)	звезда (ж)	[zvezdá]
constellation (f)	съзвездие (с)	[səzvézdie]
planète (f)	планета (ж)	[planéta]
satellite (m)	спътник (м)	[spə́tnik]
météorite (m)	метеорит (м)	[meteorít]
comète (f)	комета (ж)	[kométa]
astéroïde (m)	астероид (м)	[asteroít]
orbite (f)	орбита (ж)	[órbita]
tourner (vi)	въртя се	[vərtʲá se]
atmosphère (f)	атмосфера (ж)	[atmosféra]
Soleil (m)	Слънце	[sléntse]
système (m) solaire	Слънчева система (ж)	[sléntʃeva sistéma]
éclipse (f) de soleil	слънчево затъмнение (с)	[sléntʃevo zatəmnénie]
Terre (f)	Земя	[zemʲá]
Lune (f)	Луна	[luná]
Mars (m)	Марс	[mars]
Vénus (f)	Венера	[venéra]
Jupiter (m)	Юпитер	[júpiter]
Saturne (m)	Сатурн	[satúrn]
Mercure (m)	Меркурий	[merkúrij]
Uranus (m)	Уран	[urán]
Neptune	Нептун	[neptún]
Pluton (m)	Плутон	[plutón]
la Voie Lactée	Млечен Път	[mlétʃen pət]
la Grande Ours	Голяма Мечка	[golʲáma métʃka]
la Polaire	Полярна Звезда	[polʲárna zvezdá]
martien (m)	марсианец (м)	[marsiánets]

extraterrestre (m)	извънземен (м)	[izvənzémen]
alien (m)	пришелец (м)	[priʃeléts]
soucoupe (f) volante	летяща чиния (ж)	[letʲáʃta tʃiníja]
vaisseau (m) spatial	космически кораб (м)	[kosmítʃeski kórap]
station (f) orbitale	орбитална станция (ж)	[orbitálna stántsija]
lancement (m)	старт (м)	[start]
moteur (m)	двигател (м)	[dvigátel]
tuyère (f)	дюза (ж)	[dʲúza]
carburant (m)	гориво (с)	[gorívo]
cabine (f)	кабина (ж)	[kabína]
antenne (f)	антена (ж)	[anténa]
hublot (m)	илюминатор (м)	[ilʲuminátor]
batterie (f) solaire	слънчева батерия (ж)	[sléntʃeva batérija]
scaphandre (m)	скафандър (м)	[skafándər]
apesanteur (f)	безтегловност (ж)	[besteglóvnost]
oxygène (m)	кислород (м)	[kislorót]
arrimage (m)	свързване (с)	[svə́rzvane]
s'arrimer à …	свързвам се	[svə́rzvam se]
observatoire (m)	обсерватория (ж)	[opservatórija]
télescope (m)	телескоп (м)	[teleskóp]
observer (vt)	наблюдавам	[nablʲudávam]
explorer (un cosmos)	изследвам	[isslédvam]

75. La Terre

Terre (f)	Земя (ж)	[zemʲá]
globe (m) terrestre	земно кълбо (с)	[zémno kəlbó]
planète (f)	планета (ж)	[planéta]
atmosphère (f)	атмосфера (ж)	[atmosféra]
géographie (f)	география (ж)	[geográfija]
nature (f)	природа (ж)	[priróda]
globe (m) de table	глобус (м)	[glóbus]
carte (f)	карта (ж)	[kárta]
atlas (m)	атлас (м)	[atlás]
Europe (f)	Европа	[evrópa]
Asie (f)	Азия	[ázija]
Afrique (f)	Африка	[áfrika]
Australie (f)	Австралия	[afstrálija]
Amérique (f)	Америка	[amérika]
Amérique (f) du Nord	Северна Америка	[séverna amérika]

Amérique (f) du Sud	Южна Америка	[júʒna amérika]
l'Antarctique (m)	Антарктида	[antarktída]
l'Arctique (m)	Арктика	[árktika]

76. Les quatre parties du monde

nord (m)	север (м)	[séver]
vers le nord	на север	[na séver]
au nord	на север	[na séver]
du nord (adj)	северен	[séveren]

sud (m)	юг (м)	[juk]
vers le sud	на юг	[na juk]
au sud	на юг	[na juk]
du sud (adj)	южен	[júʒen]

ouest (m)	запад (м)	[zápat]
vers l'occident	на запад	[na zápat]
à l'occident	на запад	[na zápat]
occidental (adj)	западен	[západen]

est (m)	изток (м)	[ístok]
vers l'orient	на изток	[na ístok]
à l'orient	на изток	[na ístok]
oriental (adj)	източен	[ístotʃen]

77. Les océans et les mers

mer (f)	море (с)	[moré]
océan (m)	океан (м)	[okeán]
golfe (m)	залив (м)	[zálif]
détroit (m)	пролив (м)	[próliv]

continent (m)	материк (м)	[materík]
île (f)	остров (м)	[óstrov]
presqu'île (f)	полуостров (м)	[poluóstrov]
archipel (m)	архипелаг (м)	[arhipelák]

baie (f)	залив (м)	[zálif]
port (m)	залив (м)	[zálif]
lagune (f)	лагуна (ж)	[lagúna]
cap (m)	нос (м)	[nos]

atoll (m)	атол (м)	[atól]
récif (m)	риф (м)	[rif]
corail (m)	корал (м)	[korál]
récif (m) de corail	коралов риф (м)	[korálov rif]
profond (adj)	дълбок	[dəlbók]

profondeur (f)	дълбочина (ж)	[dəlbotʃiná]
abîme (m)	бездна (ж)	[bézna]
fosse (f) océanique	падина (ж)	[padiná]

| courant (m) | течение (c) | [tetʃénie] |
| baigner (vt) (mer) | мия | [míja] |

| littoral (m) | бряг (м) | [brʲak] |
| côte (f) | крайбрежие (c) | [krajbréʒie] |

marée (f) haute	прилив (м)	[príliv]
marée (f) basse	отлив (м)	[ótliv]
banc (m) de sable	плитчина (ж)	[plittʃiná]
fond (m)	дъно (c)	[déno]

vague (f)	вълна (ж)	[vəlná]
crête (f) de la vague	гребен (м) на вълна	[grében na vəlná]
mousse (f)	пяна (ж)	[pʲána]

tempête (f) en mer	буря (ж)	[búrʲa]
ouragan (m)	ураган (м)	[uragán]
tsunami (m)	цунами (c)	[tsunámi]
calme (m)	безветрие (c)	[bezvétrie]
calme (tranquille)	спокоен	[spokóen]

| pôle (m) | полюс (м) | [pólʲus] |
| polaire (adj) | полярен | [polʲáren] |

latitude (f)	ширина (ж)	[ʃiriná]
longitude (f)	дължина (ж)	[dəʒiná]
parallèle (f)	паралел (ж)	[paralél]
équateur (m)	екватор (м)	[ekvátor]

ciel (m)	небе (c)	[nebé]
horizon (m)	хоризонт (м)	[horizónt]
air (m)	въздух (м)	[vézduh]

phare (m)	фар (м)	[far]
plonger (vi)	гмуркам се	[gmúrkam se]
sombrer (vi)	потъна	[poténa]
trésor (m)	съкровища (c мн)	[səkróviʃta]

78. Les noms des mers et des océans

océan (m) Atlantique	Атлантически океан	[atlantítʃeski okeán]
océan (m) Indien	Индийски океан	[indíjski okeán]
océan (m) Pacifique	Тихи океан	[tíhi okeán]
océan (m) Glacial	Северен Ледовит океан	[séveren ledovít okeán]
mer (f) Noire	Черно море	[tʃérno moré]
mer (f) Rouge	Червено море	[tʃervéno moré]

| mer (f) Jaune | Жълто море | [ʒɛ́lto moré] |
| mer (f) Blanche | Бяло море | [bʲálo moré] |

mer (f) Caspienne	Каспийско море	[káspijsko moré]
mer (f) Morte	Мъртво море	[mɛ́rtvo moré]
mer (f) Méditerranée	Средиземно море	[sredizémno moré]

| mer (f) Égée | Егейско море | [egéjsko moré] |
| mer (f) Adriatique | Адриатическо море | [adriatítʃesko moré] |

mer (f) Arabique	Арабско море	[arápsko moré]
mer (f) du Japon	Японско море	[japónsko moré]
mer (f) de Béring	Берингово море	[beríngovo moré]
mer (f) de Chine Méridionale	Южнокитайско море	[juʒnokitájsko moré]

mer (f) de Corail	Коралово море	[korálovo moré]
mer (f) de Tasman	Тасманово море	[tasmánovo moré]
mer (f) Caraïbe	Карибско море	[karíbsko moré]

| mer (f) de Barents | Баренцово море | [baréntsovo moré] |
| mer (f) de Kara | Карско море | [kársko moré] |

mer (f) du Nord	Северно море	[séverno moré]
mer (f) Baltique	Балтийско море	[baltíjsko moré]
mer (f) de Norvège	Норвежко море	[norvéʃko moré]

79. Les montagnes

montagne (f)	планина (ж)	[planiná]
chaîne (f) de montagnes	планинска верига (ж)	[planínska veríga]
crête (f)	планински хребет (м)	[planínski hrebét]

sommet (m)	връх (м)	[vrəh]
pic (m)	пик (м)	[pik]
pied (m)	подножие (с)	[podnóʒie]
pente (f)	склон (м)	[sklon]

volcan (m)	вулкан (м)	[vulkán]
volcan (m) actif	действащ вулкан (м)	[déjstvaʃt vulkán]
volcan (m) éteint	изгаснал вулкан (м)	[izgásnal vulkán]

éruption (f)	изригване (с)	[izrígvane]
cratère (m)	кратер (м)	[kráter]
magma (m)	магма (ж)	[mágma]
lave (f)	лава (ж)	[láva]
en fusion (lave ~)	нажежен	[naʒeʒén]

| canyon (m) | каньон (м) | [kanjón] |
| défilé (m) (gorge) | дефиле (с) | [defilé] |

| crevasse (f) | тясна клисура (ж) | [tʲásna klisúra] |
| précipice (m) | пропаст (ж) | [própast] |

col (m) de montagne	превал (м)	[prevál]
plateau (m)	плато (с)	[pláto]
rocher (m)	скала (ж)	[skalá]
colline (f)	хълм (м)	[həlm]

glacier (m)	ледник (м)	[lédnik]
chute (f) d'eau	водопад (м)	[vodopát]
geyser (m)	гейзер (м)	[géjzer]
lac (m)	езеро (с)	[ézero]

plaine (f)	равнина (ж)	[ravniná]
paysage (m)	пейзаж (м)	[pejzáʒ]
écho (m)	ехо (с)	[ého]

alpiniste (m)	алпинист (м)	[alpiníst]
varappeur (m)	катерач (м)	[katerátʃ]
conquérir (vt)	покорявам	[pokorʲávam]
ascension (f)	възкачване (с)	[vəskátʃvane]

80. Les noms des chaînes de montagne

Alpes (f pl)	Алпи	[álpi]
Mont Blanc (m)	Мон Блан	[mon blan]
Pyrénées (f pl)	Пиринеи	[pirinéi]

Carpates (f pl)	Карпати	[karpáti]
Monts Oural (m pl)	Урал	[urál]
Caucase (m)	Кавказ	[kafkáz]
Elbrous (m)	Елбрус	[elbrús]

Altaï (m)	Алтай	[altáj]
Tian Chan (m)	Тяншан	[tʲanʃan]
Pamir (m)	Памир	[pamír]
Himalaya (m)	Химalgaи	[himalái]
Everest (m)	Еверест	[everést]

| Andes (f pl) | Анди | [ándi] |
| Kilimandjaro (m) | Килиманджаро | [kilimandʒáro] |

81. Les fleuves

rivière (f), fleuve (m)	река (ж)	[reká]
source (f)	извор (м)	[ízvor]
lit (m) (d'une rivière)	корито (с)	[koríto]
bassin (m)	басейн (м)	[baséjn]

se jeter dans ...	вливам се	[vlívam se]
affluent (m)	приток (м)	[prítok]
rive (f)	бряг (м)	[br'ak]

courant (m)	течение (с)	[tetʃénie]
en aval	надолу по течението	[nadólu po tetʃénieto]
en amont	нагоре по течението	[nagóre po tetʃénieto]

inondation (f)	наводнение (с)	[navodnénie]
les grandes crues	пролетно пълноводие (с)	[prolétno pəlnovódie]
déborder (vt)	разливам се	[razlívam se]
inonder (vt)	потопявам	[potop'ávam]

| bas-fond (m) | плитчина (ж) | [plittʃiná] |
| rapide (m) | праг (м) | [prak] |

barrage (m)	яз (м)	[jaz]
canal (m)	канал (м)	[kanál]
lac (m) de barrage	водохранилище (с)	[vodohraníliʃte]
écluse (f)	шлюз (м)	[ʃl'uz]

plan (m) d'eau	водоем (м)	[vodoém]
marais (m)	блато (с)	[bláto]
fondrière (f)	тресавище (с)	[tresáviʃte]
tourbillon (m)	водовъртеж (м)	[vodovərtéʒ]

ruisseau (m)	ручей (м)	[rútʃej]
potable (adj)	питеен	[pitéen]
douce (l'eau ~)	сладководен	[slatkovóden]

| glace (f) | лед (м) | [let] |
| être gelé | замръзна | [zamrézna] |

82. Les noms des fleuves

| Seine (f) | Сена | [séna] |
| Loire (f) | Лоара | [loára] |

Tamise (f)	Темза	[témza]
Rhin (m)	Рейн	[rejn]
Danube (m)	Дунав	[dúnav]

Volga (f)	Волга	[vólga]
Don (m)	Дон	[don]
Lena (f)	Лена	[léna]

Huang He (m)	Хуанхъ	[huanhé]
Yangzi Jiang (m)	Яндзъ	[jandzé]
Mékong (m)	Меконг	[mekónk]

Gange (m)	Ганг	[gang]
Nil (m)	Нил	[nil]
Congo (m)	Конго	[kóngo]
Okavango (m)	Окаванго	[okavángo]
Zambèze (m)	Замбези	[zambézi]
Limpopo (m)	Лимпопо	[limpopó]
Mississippi (m)	Мисисипи	[misisípi]

83. La forêt

forêt (f)	гора (ж)	[gorá]
forestier (adj)	горски	[górski]
fourré (m)	гъсталак (м)	[gəstalák]
bosquet (m)	горичка (ж)	[gorítʃka]
clairière (f)	поляна (ж)	[polʲána]
broussailles (f pl)	гъсталак (м)	[gəstalák]
taillis (m)	храсталак (м)	[hrastalák]
sentier (m)	пътечка (ж)	[pətétʃka]
ravin (m)	овраг (м)	[ovrák]
arbre (m)	дърво (с)	[dərvó]
feuille (f)	лист (м)	[list]
feuillage (m)	шума (ж)	[ʃúma]
chute (f) de feuilles	листопад (м)	[listopát]
tomber (feuilles)	опадвам	[opádvam]
sommet (m)	връх (м)	[vrəh]
rameau (m)	клонка (м)	[klónka]
branche (f)	дебел клон (м)	[debél klon]
bourgeon (m)	пъпка (ж)	[pəpka]
aiguille (f)	игла (ж)	[iglá]
pomme (f) de pin	шишарка (ж)	[ʃiʃárka]
creux (m)	хралупа (ж)	[hralúpa]
nid (m)	гнездо (с)	[gnezdó]
terrier (m) (~ d'un renard)	дупка (ж)	[dúpka]
tronc (m)	стъбло (с)	[stəbló]
racine (f)	корен (м)	[kóren]
écorce (f)	кора (ж)	[korá]
mousse (f)	мъх (м)	[məh]
déraciner (vt)	изкоренявам	[izkorenʲávam]
abattre (un arbre)	сека	[seká]
déboiser (vt)	изсичам	[issítʃam]
souche (f)	пън (м)	[pən]

feu (m) de bois	клада (ж)	[kláda]
incendie (m)	пожар (м)	[poʒár]
éteindre (feu)	загасявам	[zagasʲávam]
garde (m) forestier	горски пазач (м)	[górski pazátʃ]
protection (f)	опазване (c)	[opázvane]
protéger (vt)	опазвам	[opázvam]
braconnier (m)	бракониер (м)	[brakoniér]
piège (m) à mâchoires	капан (м)	[kapán]
cueillir (vt)	събирам	[səbíram]
s'égarer (vp)	загубя се	[zagúbʲa se]

84. Les ressources naturelles

ressources (f pl) naturelles	природни ресурси (м мн)	[priródni resúrsi]
minéraux (m pl)	полезни изкопаеми (c мн)	[polézni iskopáemi]
gisement (m)	залежи (мн)	[zaléʒi]
champ (m) (~ pétrolifère)	находище (c)	[nahódiʃte]
extraire (vt)	добивам	[dobívam]
extraction (f)	добиване (c)	[dobívane]
minerai (m)	руда (ж)	[rudá]
mine (f) (site)	рудник (м)	[rúdnik]
puits (m) de mine	шахта (ж)	[ʃáhta]
mineur (m)	миньор (м)	[minʲór]
gaz (m)	газ (м)	[gas]
gazoduc (m)	газопровод (м)	[gazoprovót]
pétrole (m)	нефт (м)	[neft]
pipeline (m)	нефтопровод (м)	[neftoprovót]
tour (f) de forage	нефтена кула (ж)	[néftena kúla]
derrick (m)	сондажна кула (ж)	[sondáʒna kúla]
pétrolier (m)	танкер (м)	[tánker]
sable (m)	пясък (м)	[pʲásək]
calcaire (m)	варовик (м)	[varóvik]
gravier (m)	дребен чакъл (м)	[drében tʃakél]
tourbe (f)	торф (м)	[torf]
argile (f)	глина (ж)	[glína]
charbon (m)	въглища (мн)	[végliʃta]
fer (m)	желязо (c)	[ʒelʲázo]
or (m)	злато (c)	[zláto]
argent (m)	сребро (c)	[srebró]
nickel (m)	никел (м)	[níkel]
cuivre (m)	мед (ж)	[met]
zinc (m)	цинк (м)	[tsink]

manganèse (m)	манган (м)	[mangán]
mercure (m)	живак (м)	[ʒivák]
plomb (m)	олово (с)	[olóvo]

minéral (m)	минерал (м)	[minerál]
cristal (m)	кристал (м)	[kristál]
marbre (m)	мрамор (м)	[mrámor]
uranium (m)	уран (м)	[urán]

85. Le temps

temps (m)	време (с)	[vréme]
météo (f)	прогноза (ж) за времето	[prognóza za vrémeto]
température (f)	температура (ж)	[temperatúra]
thermomètre (m)	термометър (м)	[termométər]
baromètre (m)	барометър (м)	[barométər]

humide (adj)	влажен	[vláʒen]
humidité (f)	влажност (ж)	[vláʒnost]
chaleur (f) (canicule)	пек (м)	[pek]
torride (adj)	горещ	[goréʃt]
il fait très chaud	горещо	[goréʃto]

| il fait chaud | топло | [tóplo] |
| chaud (modérément) | топъл | [tópəl] |

| il fait froid | студено | [studéno] |
| froid (adj) | студен | [studén] |

soleil (m)	слънце (с)	[sléntse]
briller (soleil)	грея	[gréja]
ensoleillé (jour ~)	слънчев	[sléntʃev]
se lever (vp)	изгрея	[izgréja]
se coucher (vp)	заляза	[zalʲáza]

nuage (m)	облак (м)	[óblak]
nuageux (adj)	облачен	[óblatʃen]
nuée (f)	голям облак (м)	[golʲám óblak]
sombre (adj)	навъсен	[navésen]

pluie (f)	дъжд (м)	[dəʒt]
il pleut	вали дъжд	[valí dəʒt]
pluvieux (adj)	дъждовен	[dəʒdóven]
bruiner (v imp)	ръмя	[rəmʲá]

pluie (f) torrentielle	пороен дъжд (м)	[poróen dəʒt]
averse (f)	порой (м)	[porój]
forte (la pluie ~)	силен	[sílen]
flaque (f)	локва (ж)	[lókva]
se faire mouiller	намокря се	[namókrʲa se]

brouillard (m)	мъгла (ж)	[məglá]
brumeux (adj)	мъглив	[məglíf]
neige (f)	сняг (м)	[snʲak]
il neige	вали сняг	[valí snʲak]

86. Les intempéries. Les catastrophes naturelles

orage (m)	гръмотевична буря (ж)	[grəmotévitʃna búrʲa]
éclair (m)	мълния (ж)	[mélnija]
éclater (foudre)	блясвам	[blʲásvam]
tonnerre (m)	гръм (м)	[grəm]
gronder (tonnerre)	гърмя	[gərmʲá]
le tonnerre gronde	гърми	[gərmí]
grêle (f)	градушка (ж)	[gradúʃka]
il grêle	пада градушка	[páda gradúʃka]
inonder (vt)	потопя	[potopʲá]
inondation (f)	наводнение (с)	[navodnénie]
tremblement (m) de terre	земетресение (с)	[zemetresénie]
secousse (f)	трус (м)	[trus]
épicentre (m)	епицентър (м)	[epitséntər]
éruption (f)	изригване (с)	[izrígvane]
lave (f)	лава (ж)	[láva]
tourbillon (m), tornade (f)	торнадо (с)	[tornádo]
typhon (m)	тайфун (м)	[tajfún]
ouragan (m)	ураган (м)	[uragán]
tempête (f)	буря (ж)	[búrʲa]
tsunami (m)	цунами (с)	[tsunámi]
cyclone (m)	циклон (м)	[tsiklón]
intempéries (f pl)	лошо време (с)	[lóʃo vréme]
incendie (m)	пожар (м)	[poʒár]
catastrophe (f)	катастрофа (ж)	[katastrófa]
météorite (m)	метеорит (м)	[meteorít]
avalanche (f)	лавина (ж)	[lavína]
éboulement (m)	лавина (ж)	[lavína]
blizzard (m)	виелица (ж)	[viélitsa]
tempête (f) de neige	снежна буря (ж)	[snéʒna búrʲa]

LA FAUNE

T&P Books Publishing

prédateur (m)	хищник (м)	[híʃtnik]
tigre (m)	тигър (м)	[tígər]
lion (m)	лъв (м)	[ləv]
loup (m)	вълк (м)	[vəlk]
renard (m)	лисица (ж)	[lisítsa]
jaguar (m)	ягуар (м)	[jaguár]
léopard (m)	леопард (м)	[leopárt]
guépard (m)	гепард (м)	[gepárt]
panthère (f)	пантера (ж)	[pantéra]
puma (m)	пума (ж)	[púma]
léopard (m) de neiges	снежен барс (м)	[snéʒen bars]
lynx (m)	рис (м)	[ris]
coyote (m)	койот (м)	[kojót]
chacal (m)	чакал (м)	[ʧakál]
hyène (f)	хиена (ж)	[hiéna]

animal (m)	животно (с)	[ʒivótno]
bête (f)	звяр (м)	[zvʲar]
écureuil (m)	катерица (ж)	[káteritsa]
hérisson (m)	таралеж (м)	[taraléʒ]
lièvre (m)	заек (м)	[záek]
lapin (m)	питомен заек (м)	[pítomen záek]
blaireau (m)	язовец (м)	[jázovets]
raton (m)	енот (м)	[enót]
hamster (m)	хамстер (м)	[hámster]
marmotte (f)	мармот (м)	[marmót]
taupe (f)	къртица (ж)	[kərtítsa]
souris (f)	мишка (ж)	[míʃka]
rat (m)	плъх (м)	[pləh]
chauve-souris (f)	прилеп (м)	[prílep]
hermine (f)	хермелин (м)	[hermelín]
zibeline (f)	самур (м)	[samúr]
martre (f)	бялка (ж)	[bʲálka]

| belette (f) | невестулка (ж) | [nevestúlka] |
| vison (m) | норка (ж) | [nórka] |

| castor (m) | бобър (м) | [bóbər] |
| loutre (f) | видра (ж) | [vídra] |

cheval (m)	кон (м)	[kon]
élan (m)	лос (м)	[los]
cerf (m)	елен (м)	[elén]
chameau (m)	камила (ж)	[kamíla]

bison (m)	бизон (м)	[bizón]
aurochs (m)	зубър (м)	[zúbər]
buffle (m)	бивол (м)	[bívol]

zèbre (m)	зебра (ж)	[zébra]
antilope (f)	антилопа (ж)	[antilópa]
chevreuil (m)	сърна (ж)	[sərná]
biche (f)	лопатар (м)	[lopatár]
chamois (m)	сърна (ж)	[sərná]
sanglier (m)	глиган (м)	[gligán]

baleine (f)	кит (м)	[kit]
phoque (m)	тюлен (м)	[tʲulén]
morse (m)	морж (м)	[morʒ]
ours (m) de mer	морска котка (ж)	[mórska kótka]
dauphin (m)	делфин (м)	[delfín]

ours (m)	мечка (ж)	[métʃka]
ours (m) blanc	бяла мечка (ж)	[bʲála métʃka]
panda (m)	панда (ж)	[pánda]

singe (m)	маймуна (ж)	[majmúna]
chimpanzé (m)	шимпанзе (с)	[ʃimpanzé]
orang-outang (m)	орангутан (м)	[orangután]
gorille (m)	горила (ж)	[goríla]
macaque (m)	макак (м)	[makák]
gibbon (m)	гибон (м)	[gibón]

| éléphant (m) | слон (м) | [slon] |
| rhinocéros (m) | носорог (м) | [nosorók] |

| girafe (f) | жираф (м) | [ʒiráf] |
| hippopotame (m) | хипопотам (м) | [hipopotám] |

| kangourou (m) | кенгуру (с) | [kénguru] |
| koala (m) | коала (ж) | [koála] |

mangouste (f)	мангуста (ж)	[mangústa]
chinchilla (m)	чинчила (ж)	[tʃintʃíla]
mouffette (f)	скунс (м)	[skuns]
porc-épic (m)	бодливец (м)	[bodlívets]

89. Les animaux domestiques

chat (m) (femelle)	котка (ж)	[kótka]
chat (m) (mâle)	котарак (м)	[kotarák]
cheval (m)	кон (м)	[kon]
étalon (m)	жребец (м)	[ʒrebéts]
jument (f)	кобила (ж)	[kobíla]
vache (f)	крава (ж)	[kráva]
taureau (m)	бик (м)	[bik]
bœuf (m)	вол (м)	[vol]
brebis (f)	овца (ж)	[ovtsá]
mouton (m)	овен (м)	[ovén]
chèvre (f)	коза (ж)	[kozá]
bouc (m)	козел (м)	[kozél]
âne (m)	магаре (с)	[magáre]
mulet (m)	муле (с)	[múle]
cochon (m)	свиня (ж)	[svinʲá]
pourceau (m)	прасе (с)	[prasé]
lapin (m)	питомен заек (м)	[pítomen záek]
poule (f)	кокошка (ж)	[kokóʃka]
coq (m)	петел (м)	[petél]
canard (m)	патица (ж)	[pátitsa]
canard (m) mâle	паток (м)	[patók]
oie (f)	гъсок (м)	[gəsók]
dindon (m)	пуяк (м)	[pújak]
dinde (f)	пуйка (ж)	[pújka]
animaux (m pl) domestiques	домашни животни (с мн)	[domáʃni ʒivótni]
apprivoisé (adj)	питомен	[pítomen]
apprivoiser (vt)	опитомявам	[opitomʲávam]
élever (vt)	отглеждам	[otgléʒdam]
ferme (f)	ферма (ж)	[férma]
volaille (f)	домашна птица (ж)	[domáʃna ptítsa]
bétail (m)	добитък (м)	[dobítək]
troupeau (m)	стадо (с)	[stádo]
écurie (f)	обор (м)	[obór]
porcherie (f)	кочина (ж)	[kótʃina]
vacherie (f)	краварник (м)	[kravárnik]
cabane (f) à lapins	зайчарник (м)	[zajtʃárnik]
poulailler (m)	курник (м)	[kúrnik]

90. Les oiseaux

oiseau (m)	птица (ж)	[ptítsa]
pigeon (m)	гълъб (м)	[géləp]
moineau (m)	врабче (c)	[vrabʧé]
mésange (f)	синигер (м)	[sinigér]
pie (f)	сврака (ж)	[svráka]
corbeau (m)	гарван (м)	[gárvan]
corneille (f)	врана (ж)	[vrána]
choucas (m)	гарга (ж)	[gárga]
freux (m)	полски гарван (м)	[pólski gárvan]
canard (m)	патица (ж)	[pátitsa]
oie (f)	гъсок (м)	[gəsók]
faisan (m)	фазан (м)	[fazán]
aigle (m)	орел (м)	[orél]
épervier (m)	ястреб (м)	[jástrep]
faucon (m)	сокол (м)	[sokól]
vautour (m)	гриф (м)	[grif]
condor (m)	кондор (м)	[kondór]
cygne (m)	лебед (м)	[lébet]
grue (f)	жерав (м)	[ʒérav]
cigogne (f)	щъркел (м)	[ʃtérkel]
perroquet (m)	папагал (м)	[papagál]
colibri (m)	колибри (c)	[kolíbri]
paon (m)	паун (м)	[paún]
autruche (f)	щраус (м)	[ʃtráus]
héron (m)	чапла (ж)	[ʧápla]
flamant (m)	фламинго (c)	[flamíngo]
pélican (m)	пеликан (м)	[pelikán]
rossignol (m)	славей (м)	[slávej]
hirondelle (f)	лястовица (ж)	[lʲástovitsa]
merle (m)	дрозд (м)	[drozd]
grive (f)	поен дрозд (м)	[póen drozd]
merle (m) noir	кос, черен дрозд (м)	[kos], [ʧéren drozd]
martinet (m)	бързолет (м)	[bərzolét]
alouette (f) des champs	чучулига (ж)	[ʧuʧulíga]
caille (f)	пъдпъдък (м)	[pədpədék]
pivert (m)	кълвач (м)	[kəlváʧ]
coucou (m)	кукувица (ж)	[kúkuvitsa]
chouette (f)	сова (ж)	[sóva]
hibou (m)	бухал (м)	[búhal]

tétras (m)	глухар (м)	[gluhár]
tétras-lyre (m)	тетрев (м)	[tétrev]
perdrix (f)	яребица (ж)	[járebitsa]

étourneau (m)	скорец (м)	[skoréts]
canari (m)	канарче (с)	[kanárʧe]
gélinotte (f) des bois	лещарка (ж)	[leʃtárka]
pinson (m)	чинка (ж)	[ʧínka]
bouvreuil (m)	червенушка (ж)	[ʧervenúʃka]

mouette (f)	чайка (ж)	[ʧájka]
albatros (m)	албатрос (м)	[albatrós]
pingouin (m)	пингвин (м)	[pingvín]

91. Les poissons. Les animaux marins

brème (f)	платика (ж)	[platíka]
carpe (f)	шаран (м)	[ʃarán]
perche (f)	костур (м)	[kostúr]
silure (m)	сом (м)	[som]
brochet (m)	щука (ж)	[ʃtúka]

| saumon (m) | сьомга (ж) | [sʲómga] |
| esturgeon (m) | есетра (ж) | [esétra] |

hareng (m)	селда (ж)	[sélda]
saumon (m) atlantique	сьомга (ж)	[sʲómga]
maquereau (m)	скумрия (ж)	[skumríja]
flet (m)	калкан (м)	[kalkán]

sandre (f)	бяла риба (ж)	[bʲála ríba]
morue (f)	треска (ж)	[tréska]
thon (m)	риба тон (м)	[ríba ton]
truite (f)	пъстърва (ж)	[pəstárva]

anguille (f)	змиорка (ж)	[zmiórka]
torpille (f)	електрически скат (м)	[elektríʧeski skat]
murène (f)	мурена (ж)	[muréna]
piranha (m)	пираня (ж)	[piránʲa]

requin (m)	акула (ж)	[akúla]
dauphin (m)	делфин (м)	[delfín]
baleine (f)	кит (м)	[kit]

crabe (m)	морски рак (м)	[mórski rak]
méduse (f)	медуза (ж)	[medúza]
pieuvre (f), poulpe (m)	октопод (м)	[oktopót]

| étoile (f) de mer | морска звезда (ж) | [mórska zvezdá] |
| oursin (m) | морски таралеж (м) | [mórski taraléʒ] |

hippocampe (m)	морско конче (c)	[mórsko kóntʃe]
huître (f)	стрида (ж)	[strída]
crevette (f)	скарида (ж)	[skarída]
homard (m)	омар (м)	[omár]
langoustine (f)	лангуста (ж)	[langústa]

92. Les amphibiens. Les reptiles

serpent (m)	змия (ж)	[zmijá]
venimeux (adj)	отровен	[otróven]
vipère (f)	усойница (ж)	[usójnitsa]
cobra (m)	кобра (ж)	[kóbra]
python (m)	питон (м)	[pitón]
boa (m)	боа (ж)	[boá]
couleuvre (f)	смок (м)	[smok]
serpent (m) à sonnettes	гърмяща змия (ж)	[gərmʲáʃta zmijá]
anaconda (m)	анаконда (ж)	[anakónda]
lézard (m)	гущер (м)	[gúʃter]
iguane (m)	игуана (ж)	[iguána]
varan (m)	варан (м)	[varán]
salamandre (f)	саламандър (м)	[salamándər]
caméléon (m)	хамелеон (м)	[hameleón]
scorpion (m)	скорпион (м)	[skorpión]
tortue (f)	костенурка (ж)	[kostenúrka]
grenouille (f)	водна жаба (ж)	[vódna ʒába]
crapaud (m)	жаба (ж)	[ʒába]
crocodile (m)	крокодил (м)	[krokodíl]

93. Les insectes

insecte (m)	насекомо (c)	[nasekómo]
papillon (m)	пеперуда (ж)	[peperúda]
fourmi (f)	мравка (ж)	[mráfka]
mouche (f)	муха (ж)	[muhá]
moustique (m)	комар (м)	[komár]
scarabée (m)	бръмбар (м)	[brɘmbar]
guêpe (f)	оса (ж)	[osá]
abeille (f)	пчела (ж)	[ptʃelá]
bourdon (m)	земна пчела (ж)	[zémna ptʃelá]
œstre (m)	щръклица (ж), овод (м)	[ʃtréklitsa], [óvot]
araignée (f)	паяк (м)	[pájak]
toile (f) d'araignée	паяжина (ж)	[pájaʒina]

libellule (f)	**водно конче** (c)	[vódno kóntʃe]
sauterelle (f)	**скакалец** (м)	[skakaléts]
papillon (m)	**нощна пеперуда** (ж)	[nóʃtna peperúda]
cafard (m)	**хлебарка** (ж)	[hlebárka]
tique (f)	**кърлеж** (м)	[kárleʃ]
puce (f)	**бълха** (ж)	[bəlhá]
moucheron (m)	**мушица** (ж)	[muʃítsa]
criquet (m)	**прелетен скакалец** (м)	[préleten skakaléts]
escargot (m)	**охлюв** (м)	[óhlʲuf]
grillon (m)	**щурец** (м)	[ʃturéts]
luciole (f)	**светулка** (ж)	[svetúlka]
coccinelle (f)	**калинка** (ж)	[kalínka]
hanneton (m)	**майски бръмбар** (м)	[májski brámbar]
sangsue (f)	**пиявица** (ж)	[pijávitsa]
chenille (f)	**гъсеница** (ж)	[gəsénitsa]
ver (m)	**червей** (м)	[tʃérvej]
larve (f)	**буба** (ж)	[búba]

T&P BOOKS

LA FLORE

T&P Books Publishing

arbre (m)	дърво (c)	[dərvó]
à feuilles caduques	широколистно	[ʃirokolístno]
conifère (adj)	иглолистно	[iglolístno]
à feuilles persistantes	вечнозелено	[vetʃnozeléno]

pommier (m)	ябълка (ж)	[jábəlka]
poirier (m)	круша (ж)	[krúʃa]
merisier (m)	череша (ж)	[tʃeréʃa]
cerisier (m)	вишна (ж)	[víʃna]
prunier (m)	слива (ж)	[slíva]

bouleau (m)	бреза (ж)	[brezá]
chêne (m)	дъб (м)	[dəp]
tilleul (m)	липа (ж)	[lipá]
tremble (m)	трепетлика (ж)	[trepetlíka]
érable (m)	клен (м)	[klen]

épicéa (m)	ела (ж)	[elá]
pin (m)	бор (м)	[bor]
mélèze (m)	лиственица (ж)	[lístvenitsa]

sapin (m)	бяла ела (ж)	[bʲála elá]
cèdre (m)	кедър (м)	[kédər]

peuplier (m)	топола (ж)	[topóla]
sorbier (m)	офика (ж)	[ofíka]

saule (m)	върба (ж)	[vərbá]
aune (m)	елша (ж)	[elʃá]

hêtre (m)	бук (м)	[buk]
orme (m)	бряст (м)	[brʲast]

frêne (m)	ясен (м)	[jásen]
marronnier (m)	кестен (м)	[késten]

magnolia (m)	магнолия (ж)	[magnólija]
palmier (m)	палма (ж)	[pálma]
cyprès (m)	кипарис (м)	[kiparís]

palétuvier (m)	мангрово дърво (c)	[mangrovo dərvó]
baobab (m)	баобаб (м)	[baobáp]
eucalyptus (m)	евкалипт (м)	[efkalípt]
séquoia (m)	секвоя (ж)	[sekvója]

95. Les arbustes

| buisson (m) | храст (м) | [hrast] |
| arbrisseau (m) | храсталак (м) | [hrastalák] |

| vigne (f) | грозде (c) | [grózde] |
| vigne (f) (vignoble) | лозе (c) | [lóze] |

framboise (f)	малина (ж)	[malína]
cassis (m)	черно френско грозде (c)	[tʃérno frénsko grózde]
groseille (f) rouge	червено френско грозде (c)	[tʃervéno frénsko grózde]
groseille (f) verte	цариградско грозде (c)	[tsarigrátsko grózde]

acacia (m)	акация (ж)	[akátsija]
berbéris (m)	кисел трън (м)	[kísel trən]
jasmin (m)	жасмин (м)	[ʒasmín]

genévrier (m)	хвойна, смрика (ж)	[hvójna], [smríka]
rosier (m)	розов храст (м)	[rózov hrast]
églantier (m)	шипка (ж)	[ʃípka]

96. Les fruits. Les baies

fruit (m)	плод (м)	[plot]
fruits (m pl)	плодове (м мн)	[plodové]
pomme (f)	ябълка (ж)	[jábəlka]
poire (f)	круша (ж)	[krúʃa]
prune (f)	слива (ж)	[slíva]

fraise (f)	ягода (ж)	[jágoda]
cerise (f)	вишна (ж)	[víʃna]
merise (f)	череша (ж)	[tʃeréʃa]
raisin (m)	грозде (c)	[grózde]

framboise (f)	малина (ж)	[malína]
cassis (m)	черно френско грозде (c)	[tʃérno frénsko grózde]
groseille (f) rouge	червено френско грозде (c)	[tʃervéno frénsko grózde]
groseille (f) verte	цариградско грозде (c)	[tsarigrátsko grózde]
canneberge (f)	клюква (ж)	[klʲúkva]

orange (f)	портокал (м)	[portokál]
mandarine (f)	мандарина (ж)	[mandarína]
ananas (m)	ананас (м)	[ananás]
banane (f)	банан (м)	[banán]
datte (f)	фурма (ж)	[furmá]

citron (m)	лимон (м)	[limón]
abricot (m)	кайсия (ж)	[kajsíja]
pêche (f)	праскова (ж)	[práskova]
kiwi (m)	киви (с)	[kívi]
pamplemousse (m)	грейпфрут (м)	[gréjpfrut]

baie (f)	горски плод (м)	[górski plot]
baies (f pl)	горски плодове (м мн)	[górski plodové]
airelle (f) rouge	червена боровинка (ж)	[ʧervéna borovínka]
fraise (f) des bois	горска ягода (ж)	[górska jágoda]
myrtille (f)	черна боровинка (ж)	[ʧérna borovínka]

97. Les fleurs. Les plantes

| fleur (f) | цвете (с) | [tsvéte] |
| bouquet (m) | букет (м) | [bukét] |

rose (f)	роза (ж)	[róza]
tulipe (f)	лале (с)	[lalé]
oeillet (m)	карамфил (м)	[karamfíl]
glaïeul (m)	гладиола (ж)	[gladióla]

bleuet (m)	метличина (ж)	[metliʧína]
campanule (f)	камбанка (ж)	[kambánka]
dent-de-lion (f)	глухарче (с)	[gluhárʧe]
marguerite (f)	лайка (ж)	[lájka]

aloès (m)	алое (с)	[alóe]
cactus (m)	кактус (м)	[káktus]
ficus (m)	фикус (м)	[fíkus]

lis (m)	лилиум (м)	[lílium]
géranium (m)	мушкато (с)	[muʃkáto]
jacinthe (f)	зюмбюл (м)	[zʲúmbʲúl]

mimosa (m)	мимоза (ж)	[mimóza]
jonquille (f)	нарцис (м)	[nartsís]
capucine (f)	латинка (ж)	[latínka]

orchidée (f)	орхидея (ж)	[orhidéja]
pivoine (f)	божур (м)	[boʒúr]
violette (f)	теменуга (ж)	[temenúga]

pensée (f)	трицветна теменуга (ж)	[tritsvétna temenúga]
myosotis (m)	незабравка (ж)	[nezabráfka]
pâquerette (f)	маргаритка (ж)	[margarítka]

coquelicot (m)	мак (м)	[mak]
chanvre (m)	коноп (м)	[konóp]
menthe (f)	мента (ж)	[ménta]

muguet (m)	момина сълза (ж)	[mómina səlzá]
perce-neige (f)	кокиче (c)	[kokítʃe]
ortie (f)	коприва (ж)	[kopríva]
oseille (f)	киселец (м)	[kíselets]
nénuphar (m)	водна лилия (ж)	[vódna lílija]
fougère (f)	папрат (м)	[páprat]
lichen (m)	лишей (м)	[líʃej]
serre (f) tropicale	оранжерия (ж)	[oranʒérija]
gazon (m)	тревна площ (ж)	[trévna ploʃt]
parterre (m) de fleurs	цветна леха (ж)	[tsvétna lehá]
plante (f)	растение (c)	[rasténie]
herbe (f)	трева (ж)	[trevá]
brin (m) d'herbe	тревичка (ж)	[trevítʃka]
feuille (f)	лист (м)	[list]
pétale (m)	венчелистче (c)	[ventʃelísttʃe]
tige (f)	стъбло (c)	[stəbló]
tubercule (m)	грудка (ж)	[grútka]
pousse (f)	кълн (м)	[kəln]
épine (f)	бодил (м)	[bodíl]
fleurir (vi)	цъфтя	[tsəftʲá]
se faner (vp)	увяхвам	[uvʲáhvam]
odeur (f)	мирис (м)	[míris]
couper (vt)	отрежа	[otréʒa]
cueillir (fleurs)	откъсна	[otkə́sna]

98. Les céréales

grains (m pl)	зърно (c)	[zérno]
céréales (f pl) (plantes)	житни култури (ж мн)	[ʒítni kultúri]
épi (m)	клас (м)	[klas]
blé (m)	пшеница (ж)	[pʃenítsa]
seigle (m)	ръж (ж)	[rəʒ]
avoine (f)	овес (м)	[ovés]
millet (m)	просо (c)	[prosó]
orge (f)	ечемик (м)	[etʃemík]
maïs (m)	царевица (ж)	[tsárevitsa]
riz (m)	ориз (м)	[oríz]
sarrasin (m)	елда (ж)	[élda]
pois (m)	грах (м)	[grah]
haricot (m)	фасул (м)	[fasúl]
soja (m)	соя (ж)	[sója]

lentille (f)	**леща** (ж)	[léʃta]
fèves (f pl)	**боб** (м)	[bop]

T&P BOOKS

LES PAYS DU MONDE

T&P Books Publishing

Afghanistan (m)	Афганистан	[afganistán]
Albanie (f)	Албания	[albánija]
Allemagne (f)	Германия	[germánija]
Angleterre (f)	Англия	[ánglija]
Arabie (f) Saoudite	Саудитска Арабия	[saudítska arábija]
Argentine (f)	Аржентина	[arʒentína]
Arménie (f)	Армения	[arménija]
Australie (f)	Австралия	[afstrálija]
Autriche (f)	Австрия	[áfstrija]
Azerbaïdjan (m)	Азербайджан	[azerbajdʒán]
Bahamas (f pl)	Бахамски острови	[bahámski óstrovi]
Bangladesh (m)	Бангладеш	[bangladéʃ]
Belgique (f)	Белгия	[bélgija]
Biélorussie (f)	Беларус	[belarús]
Bolivie (f)	Боливия	[bolívija]
Bosnie (f)	Босна и Херцеговина	[bósna i hertsegóvina]
Brésil (m)	Бразилия	[brazílija]
Bulgarie (f)	България	[bəlgárija]
Cambodge (m)	Камбоджа	[kambódʒa]
Canada (m)	Канада	[kanáda]
Chili (m)	Чили	[ʧíli]
Chine (f)	Китай	[kitáj]
Chypre (m)	Кипър	[kípər]
Colombie (f)	Колумбия	[kolúmbija]
Corée (f) du Nord	Северна Корея	[séverna koréja]
Corée (f) du Sud	Южна Корея	[júʒna koréja]
Croatie (f)	Хърватия	[hərvátija]
Cuba (f)	Куба	[kúba]
Danemark (m)	Дания	[dánija]
Écosse (f)	Шотландия	[ʃotlándija]
Égypte (f)	Египет	[egípet]
Équateur (m)	Еквадор	[ekvadór]
Espagne (f)	Испания	[ispánija]
Estonie (f)	Естония	[estónija]
Les États Unis	Съединени американски щати	[səedinéni amerikánski ʃtáti]
Fédération (f) des Émirats Arabes Unis	Обединени арабски емирства	[obedinéni arápski emírstva]
Finlande (f)	Финландия	[finlándija]
France (f)	Франция	[frántsija]
Géorgie (f)	Грузия	[grúzija]

Ghana (m)	Гана	[gána]
Grande-Bretagne (f)	Великобритания	[velikobritánija]
Grèce (f)	Гърция	[gértsija]

100. Les pays du monde. Partie 2

| Haïti (m) | Хаити | [haíti] |
| Hongrie (f) | Унгария | [ungárija] |

Inde (f)	Индия	[índija]
Indonésie (f)	Индонезия	[indonézija]
Iran (m)	Иран	[irán]
Iraq (m)	Ирак	[irák]
Irlande (f)	Ирландия	[irlándija]
Islande (f)	Исландия	[islándija]
Israël (m)	Израел	[izráel]
Italie (f)	Италия	[itálija]

Jamaïque (f)	Ямайка	[jamájka]
Japon (m)	Япония	[japónija]
Jordanie (f)	Йордания	[jordánija]
Kazakhstan (m)	Казахстан	[kazahstán]
Kenya (m)	Кения	[kénija]
Kirghizistan (m)	Киргизстан	[kirgistán]
Koweït (m)	Кувейт	[kuvéjt]
Laos (m)	Лаос	[laós]
Lettonie (f)	Латвия	[látvija]
Liban (m)	Ливан	[liván]
Libye (f)	Либия	[líbija]
Liechtenstein (m)	Лихтенщайн	[líhtenʃtajn]
Lituanie (f)	Литва	[lítva]
Luxembourg (m)	Люксембург	[lʲúksemburg]

Macédoine (f)	Македония	[makedónija]
Madagascar (f)	Мадагаскар	[madagaskár]
Malaisie (f)	Малайзия	[malájzija]
Malte (f)	Малта	[málta]
Maroc (m)	Мароко	[maróko]
Mexique (m)	Мексико	[méksiko]
Moldavie (f)	Молдова	[moldóva]

Monaco (m)	Монако	[monáko]
Mongolie (f)	Монголия	[mongólija]
Monténégro (m)	Черна гора	[ʧérna gorá]
Myanmar (m)	Мянма	[mʲánma]
Namibie (f)	Намибия	[namíbija]
Népal (m)	Непал	[nepál]
Norvège (f)	Норвегия	[norvégija]
Nouvelle Zélande (f)	Нова Зеландия	[nóva zelándija]
Ouzbékistan (m)	Узбекистан	[uzbekistán]

101. Les pays du monde. Partie 3

Pakistan (m)	Пакистан	[pakistán]
Palestine (f)	Палестинска автономия	[palestínska aftonómija]
Panamá (m)	Панама	[panáma]
Paraguay (m)	Парагвай	[paragváj]
Pays-Bas (m)	Нидерландия	[niderlándija]
Pérou (m)	Перу	[perú]
Pologne (f)	Полша	[pólʃa]
Polynésie (f) Française	Френска Полинезия	[frénska polinézija]
Portugal (m)	Португалия	[portugálija]
République (f) Dominicaine	Доминиканска република	[dominikánska repúblika]
République (f) Sud-africaine	Южноафриканска република	[juʒno·afrikánska repúblika]
République (f) Tchèque	Чехия	[tʃéhija]
Roumanie (f)	Румъния	[ruménija]
Russie (f)	Русия	[rusíja]
Sénégal (m)	Сенегал	[senegál]
Serbie (f)	Сърбия	[sérbija]
Slovaquie (f)	Словакия	[slovákija]
Slovénie (f)	Словения	[slovénija]
Suède (f)	Швеция	[ʃvétsija]
Suisse (f)	Швейцария	[ʃvejtsárija]
Surinam (m)	Суринам	[surinám]
Syrie (f)	Сирия	[sírija]
Tadjikistan (m)	Таджикистан	[tadʒikistán]
Taïwan (m)	Тайван	[tajván]
Tanzanie (f)	Танзания	[tanzánija]
Tasmanie (f)	Тасмания	[tasmánija]
Thaïlande (f)	Тайланд	[tajlánt]
Tunisie (f)	Тунис	[túnis]
Turkménistan (m)	Туркменистан	[turkmenistán]
Turquie (f)	Турция	[túrtsija]
Ukraine (f)	Украйна	[ukrájna]
Uruguay (m)	Уругвай	[urugváj]
Vatican (m)	Ватикана	[vatikána]
Venezuela (f)	Венецуела	[venetsuéla]
Vietnam (m)	Виетнам	[vietnám]
Zanzibar (m)	Занзибар	[zanzibár]

GLOSSAIRE
GASTRONOMIQUE

Cette section contient
beaucoup de mots associés
à la nourriture. Ce dictionnaire
vous facilitera la tâche
de comprendre le menu
et de commander le bon plat
au restaurant

T&P Books Publishing

Français-Bulgare glossaire gastronomique

épi (m)	клас (м)	[klas]
épice (f)	подправка (ж)	[podpráfka]
épinard (m)	спанак (м)	[spanák]
œuf (m)	яйце (с)	[jajtsé]
abricot (m)	кайсия (ж)	[kajsíja]
addition (f)	сметка (ж)	[smétka]
ail (m)	чесън (м)	[ʧésən]
airelle (f) rouge	червена боровинка (ж)	[ʧervéna borovínka]
amande (f)	бадем (м)	[badém]
amanite (f) tue-mouches	мухоморка (ж)	[muhomórka]
amer (adj)	горчив	[gorʧív]
ananas (m)	ананас (м)	[ananás]
anguille (f)	змиорка (ж)	[zmiórka]
anis (m)	анасон (м)	[anasón]
apéritif (m)	аперитив (м)	[aperitív]
appétit (m)	апетит (м)	[apetít]
arrière-goût (m)	привкус (м)	[prífkus]
artichaut (m)	ангинар (м)	[anginár]
asperge (f)	аспержа (ж)	[aspérʒa]
assiette (f)	чиния (ж)	[ʧiníja]
aubergine (f)	патладжан (м)	[patladʒán]
avec de la glace	с лед	[s let]
avocat (m)	авокадо (с)	[avokádo]
avoine (f)	овес (м)	[ovés]
bacon (m)	бекон (м)	[bekón]
baie (f)	горски плод (м)	[górski plot]
baies (f pl)	горски плодове (м мн)	[górski plodové]
banane (f)	банан (м)	[banán]
bar (m)	бар (м)	[bar]
barman (m)	барман (м)	[bárman]
basilic (m)	босилек (м)	[bosílek]
betterave (f)	цвекло (с)	[tsvekló]
beurre (m)	краве масло (с)	[kráve masló]
bière (f)	бира (ж)	[bíra]
bière (f) blonde	светла бира (ж)	[svétla bíra]
bière (f) brune	тъмна бира (ж)	[tə́mna bíra]
biscuit (m)	бисквити (ж мн)	[biskvíti]
blé (m)	пшеница (ж)	[pʃenítsa]
blanc (m) d'œuf	белтък (м)	[belték]
boisson (f) non alcoolisée	безалкохолна напитка (ж)	[bezalkohólna napítka]
boissons (f pl) alcoolisées	спиртни напитки (ж мн)	[spírtni napítki]
bolet (m) bai	брезова манатарка (ж)	[brézova manatárka]

bolet (m) orangé	червена брезовка (ж)	[ʧervéna brézofka]
bon (adj)	вкусен	[fkúsen]
Bon appétit!	Добър апетит!	[dobér apetít]
bonbon (m)	бонбон (м)	[bonbón]
bouillie (f)	каша (ж)	[káʃa]
bouillon (m)	бульон (м)	[buljón]
brème (f)	платика (ж)	[platíka]
brochet (m)	щука (ж)	[ʃtúka]
brocoli (m)	броколи (с)	[brókoli]
cèpe (m)	манатарка (ж)	[manatárka]
céleri (m)	целина (ж)	[tsélina]
céréales (f pl)	житни култури (ж мн)	[ʒítni kultúri]
cacahuète (f)	фъстък (м)	[fəsták]
café (m)	кафе (с)	[kafé]
café (m) au lait	кафе (с) с мляко	[kafé s mlʲáko]
café (m) noir	черно кафе (с)	[ʧérno kafé]
café (m) soluble	разтворимо кафе (с)	[rastvorímo kafé]
calamar (m)	калмар (м)	[kalmár]
calorie (f)	калория (ж)	[kalórija]
canard (m)	патица (ж)	[pátitsa]
canneberge (f)	клюква (ж)	[klʲúkva]
cannelle (f)	канела (ж)	[kanéla]
cappuccino (m)	кафе (с) със сметана	[kafé səs smetána]
carotte (f)	морков (м)	[mórkof]
carpe (f)	шаран (м)	[ʃarán]
carte (f)	меню (с)	[menʲú]
carte (f) des vins	карта (ж) на виното	[kárta na vínoto]
cassis (m)	черно френско грозде (с)	[ʧérno frénsko grózde]
caviar (m)	хайвер (м)	[hajvér]
cerise (f)	вишна (ж)	[víʃna]
champagne (m)	шампанско (с)	[ʃampánsko]
champignon (m)	гъба (ж)	[géba]
champignon (m) comestible	ядлива гъба (ж)	[jadlíva géba]
champignon (m) vénéneux	отровна гъба (ж)	[otróvna géba]
chaud (adj)	горещ	[goréʃt]
chocolat (m)	шоколад (м)	[ʃokolát]
chou (m)	зеле (с)	[zéle]
chou (m) de Bruxelles	брюкселско зеле (с)	[brʲúkselsko zéle]
chou-fleur (m)	карфиол (м)	[karfiól]
citron (m)	лимон (м)	[limón]
clou (m) de girofle	карамфил (м)	[karamfíl]
cocktail (m)	коктейл (м)	[koktéjl]
cocktail (m) au lait	млечен коктейл (м)	[mléʧen koktéjl]
cognac (m)	коняк (м)	[konʲák]
concombre (m)	краставица (ж)	[krástavitsa]
condiment (m)	подправка (ж)	[podpráfka]
confiserie (f)	сладкарски изделия (с мн)	[slatkárski izdélija]
confiture (f)	конфитюр (м)	[konfitʲúr]

confiture (f)	сладко (c)	[slátko]
congelé (adj)	замразен	[zamrazén]
conserves (f pl)	консерви (ж мн)	[konsérvi]
coriandre (m)	кориандър (m)	[koriándər]
courgette (f)	тиквичка (ж)	[tíkvitʃka]
couteau (m)	нож (м)	[noʒ]
crème (f)	каймак (м)	[kajmák]
crème (f) aigre	сметана (ж)	[smetána]
crème (f) au beurre	крем (м)	[krem]
crabe (m)	морски рак (м)	[mórski rak]
crevette (f)	скарида (ж)	[skarída]
cuillère (f)	лъжица (ж)	[ləʒítsa]
cuillère (f) à soupe	супена лъжица (ж)	[súpena ləʒítsa]
cuisine (f)	кухня (ж)	[kúhnʲa]
cuisse (f)	бут (м)	[but]
cuit à l'eau (adj)	варен	[varén]
cumin (m)	черен тмин (м)	[tʃéren tmin]
cure-dent (m)	клечка (ж) за зъби	[klétʃka za zébi]
déjeuner (m)	обяд (м)	[obʲát]
dîner (m)	вечеря (ж)	[vetʃérʲa]
datte (f)	фурма (ж)	[furmá]
dessert (m)	десерт (м)	[desért]
dinde (f)	пуйка (ж)	[pújka]
du bœuf	говеждо (c)	[govéʒdo]
du mouton	агнешко (c)	[ágneʃko]
du porc	свинско (c)	[svínsko]
du veau	телешко месо (c)	[téleʃko mesó]
eau (f)	вода (ж)	[vodá]
eau (f) minérale	минерална вода (ж)	[minerálna vodá]
eau (f) potable	питейна вода (ж)	[pitéjna vodá]
en chocolat (adj)	шоколадов	[ʃokoládov]
esturgeon (m)	есетра (ж)	[esétra]
fèves (f pl)	боб (м)	[bop]
farce (f)	кайма (ж)	[kajmá]
farine (f)	брашно (c)	[braʃnó]
fenouil (m)	копър (м)	[kópər]
feuille (f) de laurier	дафинов лист (м)	[dafínov list]
figue (f)	смокиня (ж)	[smokínʲa]
flétan (m)	палтус (м)	[páltus]
flet (m)	калкан (м)	[kalkán]
foie (m)	черен дроб (м)	[tʃéren drop]
fourchette (f)	вилица (ж)	[vílitsa]
fraise (f)	ягода (ж)	[jágoda]
fraise (f) des bois	горска ягода (ж)	[górska jágoda]
framboise (f)	малина (ж)	[malína]
frit (adj)	пържен	[pérʒen]
froid (adj)	студен	[studén]
fromage (m)	кашкавал (м)	[kaʃkavál]
fruit (m)	плод (м)	[plot]
fruits (m pl)	плодове (м мн)	[plodové]
fruits (m pl) de mer	морски продукти (м мн)	[mórski prodúkti]
fumé (adj)	пушен	[púʃen]

gâteau (m)	паста (ж)	[pásta]
gâteau (m)	пирог (м)	[pirók]
garniture (f)	плънка (ж)	[plénka]
garniture (f)	гарнитура (ж)	[garnitúra]
gaufre (f)	вафли (ж мн)	[váfli]
gazeuse (adj)	газирана	[gazíran]
gibier (m)	дивеч (ж)	[dívetʃ]
gin (m)	джин (м)	[dʒin]
gingembre (m)	джинджифил (м)	[dʒindʒifíl]
girolle (f)	пачи крак (м)	[pátʃi krak]
glace (f)	лед (м)	[let]
glace (f)	сладолед (м)	[sladolét]
glucides (m pl)	въглехидрати (м мн)	[vəglehidráti]
goût (m)	вкус (м)	[fkus]
gomme (f) à mâcher	дъвка (ж)	[défka]
grains (m pl)	зърно (с)	[zérno]
grenade (f)	нар (м)	[nar]
groseille (f) rouge	червено френско грозде (с)	[tʃervéno frénsko grózde]
groseille (f) verte	цариградско грозде (с)	[tsarigrátsko grózde]
gruau (m)	грис, булгур (м)	[gris], [bulgúr]
hamburger (m)	хамбургер (м)	[hámburger]
hareng (m)	селда (ж)	[sélda]
haricot (m)	фасул (м)	[fasúl]
hors-d'œuvre (m)	мезе (с)	[mezé]
huître (f)	стрида (ж)	[strída]
huile (f) d'olive	зехтин (м)	[zehtín]
huile (f) de tournesol	слънчогледово масло (с)	[sləntʃoglédovo máslo]
huile (f) végétale	олио (с)	[ólio]
jambon (m)	шунка (ж)	[ʃúnka]
jaune (m) d'œuf	жълтък (м)	[ʒəlték]
jus (m)	сок (м)	[sok]
jus (m) d'orange	портокалов сок (м)	[portokálov sok]
jus (m) de tomate	доматен сок (м)	[domáten sok]
jus (m) pressé	фреш (м)	[freʃ]
kiwi (m)	киви (с)	[kívi]
légumes (m pl)	зеленчуци (м мн)	[zelentʃútsi]
lait (m)	мляко (с)	[mlʲáko]
lait (m) condensé	сгъстено мляко (с)	[sgəsténo mlʲáko]
laitue (f), salade (f)	салата (ж)	[saláta]
langoustine (f)	лангуста (ж)	[langústa]
langue (f)	език (м)	[ezík]
lapin (m)	питомен заек (м)	[pítomen záek]
lentille (f)	леща (ж)	[léʃta]
les œufs	яйца (с мн)	[jajtsá]
les œufs brouillés	пържени яйца (с мн)	[pérʒeni jajtsá]
limonade (f)	лимонада (ж)	[limonáda]
lipides (m pl)	мазнини (ж мн)	[mazniní]
liqueur (f)	ликьор (м)	[likʲór]
mûre (f)	къпина (ж)	[kəpína]
maïs (m)	царевица (ж)	[tsárevitsa]

maïs (m)	царевица (ж)	[tsárevitsa]
mandarine (f)	мандарина (ж)	[mandarína]
mangue (f)	манго (с)	[mángo]
maquereau (m)	скумрия (ж)	[skumríja]
margarine (f)	маргарин (м)	[margarín]
mariné (adj)	маринован	[marinóvan]
marmelade (f)	мармалад (м)	[marmalát]
melon (m)	пъпеш (м)	[pápeʃ]
merise (f)	череша (ж)	[ʧeréʃa]
miel (m)	мед (м)	[met]
miette (f)	троха (ж)	[trohá]
millet (m)	просо (с)	[prosó]
morceau (m)	парче (с)	[parʧé]
morille (f)	пумпалка (ж)	[púmpalka]
morue (f)	треска (ж)	[tréska]
moutarde (f)	горчица (ж)	[gorʧítsa]
myrtille (f)	боровинки (ж мн)	[borovínki]
navet (m)	ряпа (ж)	[rʲápa]
noisette (f)	лешник (м)	[léʃnik]
noix (f)	орех (м)	[óreh]
noix (f) de coco	кокосов орех (м)	[kokósov óreh]
nouilles (f pl)	юфка (ж)	[jufká]
nourriture (f)	храна (ж)	[hraná]
oie (f)	гъска (ж)	[gáska]
oignon (m)	лук (м)	[luk]
olives (f pl)	маслини (ж мн)	[maslíni]
omelette (f)	омлет (м)	[omlét]
orange (f)	портокал (м)	[portokál]
orge (f)	ечемик (м)	[eʧemík]
oronge (f) verte	зелена мухоморка (ж)	[zeléna muhómorka]
ouvre-boîte (m)	отварачка (ж)	[otvarátʃka]
ouvre-bouteille (m)	отварачка (ж)	[otvarátʃka]
pâté (m)	пастет (м)	[pastét]
pâtes (m pl)	макарони (мн)	[makaróni]
pétales (m pl) de maïs	царевичен флейкс (м)	[tsárevitʃen flejks]
pétillante (adj)	газирана	[gazíran]
pêche (f)	праскова (ж)	[práskova]
pain (m)	хляб (м)	[hlʲap]
pamplemousse (m)	грейпфрут (м)	[gréjpfrut]
papaye (f)	папая (ж)	[papája]
paprika (m)	червен пипер (м)	[ʧervén pipér]
pastèque (f)	диня (ж)	[dínʲa]
peau (f)	кожа (ж)	[kóʒa]
perche (f)	костур (м)	[kostúr]
persil (m)	магданоз (м)	[magdanóz]
petit déjeuner (m)	закуска (ж)	[zakúska]
petite cuillère (f)	чаена лъжица (ж)	[ʧáena ləʒítsa]
pistaches (f pl)	шамфъстъци (м мн)	[ʃamfəstétsi]
pizza (f)	пица (ж)	[pítsa]
plat (m)	ястие (с)	[jástie]
plate (adj)	негазирана	[negazíran]
poire (f)	круша (ж)	[krúʃa]

pois (m)	грах (м)	[grah]
poisson (m)	риба (ж)	[ríba]
poivre (m) noir	черен пипер (м)	[tʃéren pipér]
poivre (m) rouge	червен пипер (м)	[tʃervén pipér]
poivron (m)	пипер (м)	[pipér]
pomme (f)	ябълка (ж)	[jábəlka]
pomme (f) de terre	картофи (мн)	[kartófi]
portion (f)	порция (ж)	[pórtsija]
potiron (m)	тиква (ж)	[tíkva]
poulet (m)	кокошка (ж)	[kokóʃka]
pourboire (m)	бакшиш (м)	[bakʃíʃ]
protéines (f pl)	белтъчини (ж мн)	[beltətʃiní]
prune (f)	слива (ж)	[slíva]
purée (f)	картофено пюре (с)	[kartófeno pʲuré]
régime (m)	диета (ж)	[diéta]
radis (m)	репичка (ж)	[répitʃka]
rafraîchissement (m)	разхладителна напитка (ж)	[rashladítelna napítka]
raifort (m)	хрян (м)	[hrʲan]
raisin (m)	грозде (с)	[grózde]
raisin (m) sec	стафиди (ж мн)	[stafídi]
recette (f)	рецепта (ж)	[retsépta]
requin (m)	акула (ж)	[akúla]
rhum (m)	ром (м)	[rom]
riz (m)	ориз (м)	[oríz]
russule (f)	гълъбка (ж)	[géləpka]
sésame (m)	сусам (м)	[susám]
safran (m)	шафран (м)	[ʃafrán]
salé (adj)	солен	[solén]
salade (f)	салата (ж)	[saláta]
sandre (f)	бяла риба (ж)	[bʲála ríba]
sandwich (m)	сандвич (м)	[sándvitʃ]
sans alcool	безалкохолен	[bezalkohólen]
sardine (f)	сардина (ж)	[sardína]
sarrasin (m)	елда (ж)	[élda]
sauce (f)	сос (м)	[sos]
sauce (f) mayonnaise	майонеза (ж)	[majonéza]
saucisse (f)	кренвирш (м)	[krénvirʃ]
saucisson (m)	салам (м)	[salám]
saumon (m)	сьомга (ж)	[sʲómga]
saumon (m) atlantique	сьомга (ж)	[sʲómga]
sec (adj)	сушен	[suʃén]
seigle (m)	ръж (ж)	[rəʒ]
sel (m)	сол (ж)	[sol]
serveur (m)	сервитьор (м)	[servitʲór]
serveuse (f)	сервитьорка (ж)	[servitʲórka]
silure (m)	сом (м)	[som]
soja (m)	соя (ж)	[sója]
soucoupe (f)	чинийка (ж)	[tʃiníjka]
soupe (f)	супа (ж)	[súpa]
spaghettis (m pl)	спагети (мн)	[spagéti]
steak (m)	бифтек (м)	[bifték]

sucré (adj)	сладък	[sládək]
sucre (m)	захар (ж)	[záhar]
tarte (f)	торта (ж)	[tórta]
tasse (f)	чаша (ж)	[ʧáʃa]
thé (m)	чай (м)	[ʧaj]
thé (m) noir	черен чай (м)	[ʧéren ʧaj]
thé (m) vert	зелен чай (м)	[zelén ʧaj]
thon (m)	риба тон (м)	[ríba ton]
tire-bouchon (m)	тирбушон (м)	[tirbuʃón]
tomate (f)	домат (м)	[domát]
tranche (f)	резенче (с)	[rézenʧe]
truite (f)	пъстърва (ж)	[pəstérva]
végétarien (adj)	вегетариански	[vegetariánski]
végétarien (m)	вегетарианец (м)	[vegetariánets]
verdure (f)	зарзават (м)	[zarzavát]
vermouth (m)	вермут (м)	[vermút]
verre (m)	стакан (м)	[stakán]
verre (m) à vin	чаша (ж) за вино	[ʧáʃa za víno]
viande (f)	месо (с)	[mesó]
vin (m)	вино (с)	[víno]
vin (m) blanc	бяло вино (с)	[bʲálo víno]
vin (m) rouge	червено вино (с)	[ʧervéno víno]
vinaigre (m)	оцет (м)	[otsét]
vitamine (f)	витамин (м)	[vitamín]
vodka (f)	водка (ж)	[vótka]
whisky (m)	уиски (с)	[wíski]
yogourt (m)	йогурт (м)	[jógurt]

авокадо (c)	[avokádo]	avocat (m)
агнешко (c)	[ágneʃko]	du mouton
акула (ж)	[akúla]	requin (m)
ананас (м)	[ananás]	ananas (m)
анасон (м)	[anasón]	anis (m)
ангинар (м)	[anginár]	artichaut (m)
аперитив (м)	[aperitív]	apéritif (m)
апетит (м)	[apetít]	appétit (m)
асержа (ж)	[aspérʒa]	asperge (f)
бадем (м)	[badém]	amande (f)
бакшиш (м)	[bakʃíʃ]	pourboire (m)
банан (м)	[banán]	banane (f)
бар (м)	[bar]	bar (m)
барман (м)	[bárman]	barman (m)
безалкохолен	[bezalkohólen]	sans alcool
безалкохолна напитка (ж)	[bezalkohólna napítka]	boisson (f) non alcoolisée
бекон (м)	[bekón]	bacon (m)
белтък (м)	[belték]	blanc (m) d'œuf
белтъчини (ж мн)	[beltətʃiní]	protéines (f pl)
бира (ж)	[bíra]	bière (f)
бисквити (ж мн)	[biskvíti]	biscuit (m)
бифтек (м)	[bifték]	steak (m)
боб (м)	[bop]	fèves (f pl)
бонбон (м)	[bonbón]	bonbon (m)
боровинки (ж мн)	[borovínki]	myrtille (f)
босилек (м)	[bosílek]	basilic (m)
брашно (c)	[braʃnó]	farine (f)
брезова манатарка (ж)	[brézova manatárka]	bolet (m) bai
броколи (c)	[brókoli]	brocoli (m)
брюкселско зеле (c)	[briúkselsko zéle]	chou (m) de Bruxelles
бульон (м)	[buljón]	bouillon (m)
бут (м)	[but]	cuisse (f)
бяла риба (ж)	[biála ríba]	sandre (f)
бяло вино (c)	[biálo víno]	vin (m) blanc
варен	[varén]	cuit à l'eau (adj)
вафли (ж мн)	[váfli]	gaufre (f)
вегетарианец (м)	[vegetariánets]	végétarien (m)
вегетариански	[vegetariánski]	végétarien (adj)
вермут (м)	[vermút]	vermouth (m)
вечеря (ж)	[vetʃéria]	dîner (m)
вилица (ж)	[vílitsa]	fourchette (f)
вино (c)	[víno]	vin (m)
витамин (м)	[vitamín]	vitamine (f)

вишна (ж)	[víʃna]	cerise (f)
вкус (м)	[fkus]	goût (m)
вкусен	[fkúsen]	bon (adj)
вода (ж)	[vodá]	eau (f)
водка (ж)	[vótka]	vodka (f)
въглехидрати (м мн)	[vǝglehidráti]	glucides (m pl)
газирана	[gazíran]	gazeuse (adj)
газирана	[gazíran]	pétillante (adj)
гарнитура (ж)	[garnitúra]	garniture (f)
говеждо (с)	[govéʒdo]	du bœuf
горещ	[goréʃt]	chaud (adj)
горска ягода (ж)	[górska jágoda]	fraise (f) des bois
горски плод (м)	[górski plot]	baie (f)
горски плодове (м мн)	[górski plodové]	baies (f pl)
горчив	[gortʃív]	amer (adj)
горчица (ж)	[gortʃítsa]	moutarde (f)
грах (м)	[grah]	pois (m)
грейпфрут (м)	[gréjpfrut]	pamplemousse (m)
грис, булгур (м)	[gris], [bulgúr]	gruau (m)
грозде (с)	[grózde]	raisin (m)
гъба (ж)	[gǝ́ba]	champignon (m)
гълъбка (ж)	[gǝ́lǝpka]	russule (f)
гъска (ж)	[gǝ́ska]	oie (f)
дафинов лист (м)	[dafínov list]	feuille (f) de laurier
десерт (м)	[desért]	dessert (m)
джин (м)	[dʒin]	gin (m)
джинджифил (м)	[dʒindʒifíl]	gingembre (m)
дивеч (ж)	[dívetʃ]	gibier (m)
диета (ж)	[diéta]	régime (m)
диня (ж)	[dínʲa]	pastèque (f)
Добър апетит!	[dobér apetít]	Bon appétit!
домат (м)	[domát]	tomate (f)
доматен сок (м)	[domáten sok]	jus (m) de tomate
дъвка (ж)	[dǝ́fka]	gomme (f) à mâcher
език (м)	[ezík]	langue (f)
елда (ж)	[élda]	sarrasin (m)
есетра (ж)	[esétra]	esturgeon (m)
ечемик (м)	[etʃemík]	orge (f)
житни култури (ж мн)	[ʒítni kultúri]	céréales (f pl)
жълтък (м)	[ʒǝlték]	jaune (m) d'œuf
закуска (ж)	[zakúska]	petit déjeuner (m)
замразен	[zamrazén]	congelé (adj)
зарзават (м)	[zarzavát]	verdure (f)
захар (ж)	[záhar]	sucre (f)
зеле (с)	[zéle]	chou (m)
зелен чай (м)	[zelén tʃaj]	thé (m) vert
зелена мухоморка (ж)	[zeléna muhómorka]	oronge (f) verte
зеленчуци (м мн)	[zelentʃútsi]	légumes (m pl)
зехтин (м)	[zehtín]	huile (f) d'olive
змиорка (ж)	[zmiórka]	anguille (f)
зърно (с)	[zérno]	grains (m pl)
йогурт (м)	[jógurt]	yogourt (m)

кайма (ж)	[kajmá]	farce (f)
каймак (м)	[kajmák]	crème (f)
кайсия (ж)	[kajsíja]	abricot (m)
калкан (м)	[kalkán]	flet (m)
калмар (м)	[kalmár]	calamar (m)
калория (ж)	[kalórija]	calorie (f)
канела (ж)	[kanéla]	cannelle (f)
карамфил (м)	[karamfíl]	clou (m) de girofle
карта (ж) на виното	[kárta na vínoto]	carte (f) des vins
картофено пюре (с)	[kartófeno pʲuré]	purée (f)
картофи (мн)	[kartófi]	pomme (f) de terre
карфиол (м)	[karfiól]	chou-fleur (m)
кафе (с)	[kafé]	café (m)
кафе (с) с мляко	[kafé s mlʲáko]	café (m) au lait
кафе (с) със сметана	[kafé səs smetána]	cappuccino (m)
каша (ж)	[káʃa]	bouillie (f)
кашкавал (м)	[kaʃkavál]	fromage (m)
киви (с)	[kívi]	kiwi (m)
клас (м)	[klas]	épi (m)
клечка (ж) за зъби	[klétʃka za zébi]	cure-dent (m)
клюква (ж)	[klʲúkva]	canneberge (f)
кожа (ж)	[kóʒa]	peau (f)
кокосов орех (м)	[kokósov óreh]	noix (f) de coco
кокошка (ж)	[kokóʃka]	poulet (m)
коктейл (м)	[koktéjl]	cocktail (m)
консерви (ж мн)	[konsérvi]	conserves (f pl)
конфитюр (м)	[konfitʲúr]	confiture (f)
коняк (м)	[konʲák]	cognac (m)
копър (м)	[kópər]	fenouil (m)
кориандър (м)	[koriándər]	coriandre (f)
костур (м)	[kostúr]	perche (f)
краве масло (с)	[kráve masló]	beurre (m)
краставица (ж)	[krástavitsa]	concombre (m)
крем (м)	[krem]	crème (f) au beurre
кренвирш (м)	[krénvirʃ]	saucisse (f)
круша (ж)	[krúʃa]	poire (f)
кухня (ж)	[kúhnʲa]	cuisine (f)
къпина (ж)	[kəpína]	mûre (f)
лангуста (ж)	[langústa]	langoustine (f)
лед (м)	[let]	glace (f)
лешник (м)	[léʃnik]	noisette (f)
леща (ж)	[léʃta]	lentille (f)
ликьор (м)	[likʲór]	liqueur (f)
лимон (м)	[limón]	citron (m)
лимонада (ж)	[limonáda]	limonade (f)
лук (м)	[luk]	oignon (m)
лъжица (ж)	[ləʒítsa]	cuillère (f)
магданоз (м)	[magdanóz]	persil (m)
мазнини (ж мн)	[maznіní]	lipides (m pl)
майонеза (ж)	[majonéza]	sauce (f) mayonnaise
макарони (мн)	[makaróni]	pâtes (m pl)
малина (ж)	[malína]	framboise (f)

манатарка (ж)	[manatárka]	cèpe (m)
манго (с)	[mángo]	mangue (f)
мандарина (ж)	[mandarína]	mandarine (f)
маргарин (м)	[margarín]	margarine (f)
маринован	[marinóvan]	mariné (adj)
мармалад (м)	[marmalát]	marmelade (f)
маслини (ж мн)	[maslíni]	olives (f pl)
мед (м)	[met]	miel (m)
мезе (с)	[mezé]	hors-d'œuvre (m)
меню (с)	[menʲú]	carte (f)
месо (с)	[mesó]	viande (f)
минерална вода (ж)	[minerálna vodá]	eau (f) minérale
млечен коктейл (м)	[mlétʃen koktéjl]	cocktail (m) au lait
мляко (с)	[mlʲáko]	lait (m)
морков (м)	[mórkof]	carotte (f)
морски продукти (м мн)	[mórski prodúkti]	fruits (m pl) de mer
морски рак (м)	[mórski rak]	crabe (m)
мухоморка (ж)	[muhomórka]	amanite (f) tue-mouches
нар (м)	[nar]	grenade (f)
негазирана	[negazíran]	plate (adj)
нож (м)	[noʒ]	couteau (m)
обяд (м)	[obʲát]	déjeuner (m)
овес (м)	[ovés]	avoine (f)
олио (с)	[ólio]	huile (f) végétale
омлет (м)	[omlét]	omelette (f)
орех (м)	[óreh]	noix (f)
ориз (м)	[oríz]	riz (m)
отварачка (ж)	[otvarátʃka]	ouvre-bouteille (m)
отварачка (ж)	[otvarátʃka]	ouvre-boîte (m)
отровна гъба (ж)	[otróvna géba]	champignon (m) vénéneux
оцет (м)	[otsét]	vinaigre (m)
палтус (м)	[páltus]	flétan (m)
папая (ж)	[papája]	papaye (f)
парче (с)	[partʃé]	morceau (m)
паста (ж)	[pásta]	gâteau (m)
пастет (м)	[pastét]	pâté (m)
патица (ж)	[pátitsa]	canard (m)
патладжан (м)	[patladʒán]	aubergine (f)
пачи крак (м)	[pátʃi krak]	girolle (f)
пипер (м)	[pipér]	poivron (m)
пирог (м)	[pirók]	gâteau (m)
питейна вода (ж)	[pitéjna vodá]	eau (f) potable
питомен заек (м)	[pítomen záek]	lapin (m)
пица (ж)	[pítsa]	pizza (f)
платика (ж)	[platíka]	brème (f)
плод (м)	[plot]	fruit (m)
плодове (м мн)	[plodové]	fruits (m pl)
плънка (ж)	[plénka]	garniture (f)
подправка (ж)	[podpráfka]	condiment (m)
подправка (ж)	[podpráfka]	épice (f)
портокал (м)	[portokál]	orange (f)

портокалов сок (м)	[portokálov sok]	jus (m) d'orange
порция (ж)	[pórtsija]	portion (f)
праскова (ж)	[práskova]	pêche (f)
привкус (м)	[prífkus]	arrière-goût (m)
просо (с)	[prosó]	millet (m)
пуйка (ж)	[pújka]	dinde (f)
пумпалка (ж)	[púmpalka]	morille (f)
пушен	[púʃen]	fumé (adj)
пшеница (ж)	[pʃenítsa]	blé (m)
пъпеш (м)	[pépeʃ]	melon (m)
пържен	[pérʒen]	frit (adj)
пържени яйца (с мн)	[pérʒeni jajtsá]	les œufs brouillés
пъстърва (ж)	[pəstérva]	truite (f)
разтворимо кафе (с)	[rastvorímo kafé]	café (m) soluble
разхладителна напитка (ж)	[rashladítelna napítka]	rafraîchissement (m)
резенче (с)	[rézentʃe]	tranche (f)
репичка (ж)	[répitʃka]	radis (m)
рецепта (ж)	[retsépta]	recette (f)
риба (ж)	[ríba]	poisson (m)
риба тон (м)	[ríba ton]	thon (m)
ром (м)	[rom]	rhum (m)
ръж (ж)	[rəʒ]	seigle (m)
ряпа (ж)	[rʲápa]	navet (m)
с лед	[s let]	avec de la glace
салам (м)	[salám]	saucisson (m)
салата (ж)	[saláta]	laitue (f), salade (f)
салата (ж)	[saláta]	salade (f)
сандвич (м)	[sándvitʃ]	sandwich (m)
сардина (ж)	[sardína]	sardine (f)
светла бира (ж)	[svétla bíra]	bière (f) blonde
свинско (с)	[svínsko]	du porc
сгъстено мляко (с)	[sgəsténo mlʲáko]	lait (m) condensé
селда (ж)	[sélda]	hareng (m)
сервитьор (м)	[servitʲór]	serveur (m)
сервитьорка (ж)	[servitʲórka]	serveuse (f)
скарида (ж)	[skarída]	crevette (f)
скумрия (ж)	[skumríja]	maquereau (m)
сладкарски изделия (с мн)	[slatkárski izdélija]	confiserie (f)
сладко (с)	[slátko]	confiture (f)
сладолед (м)	[sladolét]	glace (f)
сладък	[sládək]	sucré (adj)
слива (ж)	[slíva]	prune (f)
слънчогледово масло (с)	[sləntʃoglédovo máslo]	huile (f) de tournesol
сметана (ж)	[smetána]	crème (f) aigre
сметка (ж)	[smétka]	addition (f)
смокиня (ж)	[smokínʲa]	figue (f)
сок (м)	[sok]	jus (m)
сол (ж)	[sol]	sel (m)
солен	[solén]	salé (adj)

сом (м)	[som]	silure (m)
сос (м)	[sos]	sauce (f)
соя (ж)	[sója]	soja (m)
спагети (мн)	[spagéti]	spaghettis (m pl)
спанак (м)	[spanák]	épinard (m)
спиртни напитки (ж мн)	[spírtni napítki]	boissons (f pl) alcoolisées
стакан (м)	[stakán]	verre (m)
стафиди (ж мн)	[stafídi]	raisin (m) sec
стрида (ж)	[strída]	huître (f)
студен	[studén]	froid (adj)
супа (ж)	[súpa]	soupe (f)
супена лъжица (ж)	[súpena ləʒítsa]	cuillère (f) à soupe
сусам (м)	[susám]	sésame (m)
сушен	[suʃén]	sec (adj)
сьомга (ж)	[sʲómga]	saumon (m)
сьомга (ж)	[sʲómga]	saumon (m) atlantique
телешко месо (с)	[téleʃko mesó]	du veau
тиква (ж)	[tíkva]	potiron (m)
тиквичка (ж)	[tíkvitʃka]	courgette (f)
тирбушон (м)	[tirbuʃón]	tire-bouchon (m)
торта (ж)	[tórta]	tarte (f)
треска (ж)	[tréska]	morue (f)
троха (ж)	[trohá]	miette (f)
тъмна бира (ж)	[təmna bíra]	bière (f) brune
уиски (с)	[wíski]	whisky (m)
фасул (м)	[fasúl]	haricot (m)
фреш (м)	[freʃ]	jus (m) pressé
фурма (ж)	[furmá]	datte (f)
фъстък (м)	[fəsték]	cacahuète (f)
хайвер (м)	[hajvér]	caviar (m)
хамбургер (м)	[hámburger]	hamburger (m)
хляб (м)	[hlʲap]	pain (m)
храна (ж)	[hraná]	nourriture (f)
хрян (м)	[hrʲan]	raifort (m)
царевица (ж)	[tsárevitsa]	maïs (m)
царевица (ж)	[tsárevitsa]	maïs (m)
царевичен флейкс (м)	[tsárevitʃen flejks]	pétales (m pl) de maïs
цариградско грозде (с)	[tsarigrátsko grózde]	groseille (f) verte
цвекло (с)	[tsveklló]	betterave (f)
целина (ж)	[tsélina]	céleri (m)
чаена лъжица (ж)	[tʃáena ləʒítsa]	petite cuillère (f)
чай (м)	[tʃaj]	thé (m)
чаша (ж)	[tʃáʃa]	tasse (f)
чаша (ж) за вино	[tʃáʃa za víno]	verre (m) à vin
червен пипер (м)	[tʃervén pipér]	poivre (m) rouge
червен пипер (м)	[tʃervén pipér]	paprika (m)
червена боровинка (ж)	[tʃervéna borovínka]	airelle (f) rouge
червена брезовка (ж)	[tʃervéna brézofka]	bolet (m) orangé
червено вино (с)	[tʃervéno víno]	vin (m) rouge
червено френско грозде (с)	[tʃervéno frénsko grózde]	groseille (f) rouge

черен дроб (м)	[tʃéren drop]	foie (m)
черен пипер (м)	[tʃéren pipér]	poivre (m) noir
черен тмин (м)	[tʃéren tmin]	cumin (m)
черен чай (м)	[tʃéren tʃaj]	thé (m) noir
череша (ж)	[tʃeréʃa]	merise (f)
черно кафе (с)	[tʃérno kafé]	café (m) noir
черно френско грозде (с)	[tʃérno frénsko grózde]	cassis (m)
чесън (м)	[tʃésən]	ail (m)
чинийка (ж)	[tʃiníjka]	soucoupe (f)
чиния (ж)	[tʃiníja]	assiette (f)
шампанско (с)	[ʃampánsko]	champagne (m)
шамфъстъци (м мн)	[ʃamfəstátsi]	pistaches (f pl)
шаран (м)	[ʃarán]	carpe (f)
шафран (м)	[ʃafrán]	safran (m)
шоколад (м)	[ʃokolát]	chocolat (m)
шоколадов	[ʃokoládov]	en chocolat (adj)
шунка (ж)	[ʃúnka]	jambon (m)
щука (ж)	[ʃtúka]	brochet (m)
юфка (ж)	[jufká]	nouilles (f pl)
ябълка (ж)	[jábəlka]	pomme (f)
ягода (ж)	[jágoda]	fraise (f)
ядлива гъба (ж)	[jadlíva géba]	champignon (m) comestible
яйца (с мн)	[jajtsá]	les œufs
яйце (с)	[jajtsé]	œuf (m)
ястие (с)	[jástie]	plat (m)